DESCUBRE 3

Lengua y cultura del mundo hispánico

TEACHER'S EDITION

Cuaderno de práctica

VISTA®
HIGHER LEARNING

© 2017 by Vista Higher Learning, Inc. All rights reserved.

All materials in this publication may be reproduced or duplicated specifically to assist
the instructor's efforts in conducting classes, including discussions and examinations.
Reproducing these materials for commercial purposes is strictly prohibited.

Student Text ISBN: 978-1-68004-687-8
Teacher's Edition ISBN: 978-1-68004-711-0

2 3 4 5 6 7 8 9 PP 21 20 19 18 17

Table of Contents

contextos

1 **Definiciones** Escribe la palabra que corresponde a cada definición.

_____mentiroso/a_____	1. alguien que no dice la verdad
_____cariñoso/a_____	2. alguien que es muy afectuoso y que muestra las emociones fácilmente
_____falso/a_____	3. alguien que no es sincero
_____cita_____	4. cuando una persona sale con alguien
_____tímido/a_____	5. una persona que siente vergüenza al hablar con otras personas
_____casado/a_____	6. el estado civil de alguien que vive en matrimonio
_____coquetear_____	7. dar señales para atraer a alguien
_____soltero/a_____	8. una persona que no está casada
_____cita a ciegas_____	9. encuentro con una persona que no conoces
_____deprimido/a_____	10. una persona con el estado de ánimo muy bajo

2 **Opuestos** Escribe el antónimo de estas palabras o expresiones.

1. agobiado _____tranquilo_____

2. casado _____soltero_____

3. pasarlo bien _____pasarlo mal_____

4. salir con alguien _____romper con alguien_____

5. tacaño _____generoso_____

3 **No, no es verdad** Lucía y Daniela nunca se ponen de acuerdo. Cuando Lucía dice algo, Daniela siempre le contesta diciendo lo contrario. Escribe lo que contesta Daniela según el modelo.

Answers will vary. Suggested answers:

> **modelo**
> **LUCÍA** ¡Carlos es insensible!
> **DANIELA** *No, no es verdad. Carlos es sensible.*

1. **LUCÍA** Fermín y Carla se odian.
   DANIELA No, no es verdad. Fermín y Carla se quieren / se aprecian.

2. **LUCÍA** Fermín es muy inseguro.
   DANIELA No, no es verdad. Fermín es muy seguro.

3. **LUCÍA** Carla está muy ansiosa.
   DANIELA No, no es verdad. Carla está muy tranquila.

4. **LUCÍA** Ellos están divorciados.
   DANIELA No, no es verdad. Ellos están casados.

5. **LUCÍA** Ellos se llevan fatal.
   DANIELA No, no es verdad. Ellos se llevan (muy) bien.

© by Vista Higher Learning, Inc. All rights reserved.

4 **Oraciones incompletas** Elige la palabra apropiada para completar cada definición.

1. Una persona que impone reglas muy estrictas es _____.
   a. autoritaria   b. emocionada   c. graciosa

2. Alguien que se siente siempre triste es una persona _____.
   a. ansiosa   b. deprimida   c. tacaña

3. A una persona _____ no le gusta gastar su dinero.
   a. falsa   b. cariñosa   c. tacaña

4. Alguien es _____ cuando no dice la verdad.
   a. maduro   b. orgulloso   c. mentiroso

5. Alguien es _____ cuando piensa mucho y toma decisiones lógicas.
   a. sensato   b. sensible   c. permisivo

5 **Analogías** Completa cada analogía con la palabra adecuada.

1. pasarlo bien : discutir :: adorar : _____ odiar _____

2. cuidado : cuidadoso :: cariño : _____ cariñoso _____

3. salir con : romper con :: estar casado : _____ estar divorciado _____

4. casados : boda :: novios : _____ cita _____

6 **Relaciones** Usa las palabras y frases de la lista para formar oraciones sobre personas que
tú conozcas. Answers will vary.

cuidar	hacerle caso a alguien	pasarlo bien
discutir	llevar... años de casados	salir con
estar harto de	mantenerse en contacto	soportar a alguien

1. Mis padres **llevan** veinte **años de casados**. Aunque a veces **discuten**, ellos se adoran y tienen una buena relación.
   _____

2. _____
   _____

3. _____
   _____

4. _____
   _____

5. _____
   _____

6. _____
   _____

     © by Vista Higher Learning, Inc. All rights reserved.

estructura

1.1 The present tense

1 **Conclusiones erróneas** Emilia tiene la mala costumbre de sacar conclusiones con mucha rapidez y por eso saca conclusiones erróneas. Completa las ideas y las conclusiones erróneas de Emilia.

1. Mi amiga no **está** casada y se **siente** sola.

   Yo no _____estoy_____ casada y me _____siento_____ sola.

   Tú no _____estás_____ casado y te _____sientes_____ solo.

   Conclusión: Todas las personas que no _____están_____ casadas se _____sienten_____ solas.

2. Tú te **mantienes** en contacto con tus amigos de la universidad.

   Mis amigos y yo nos _____mantenemos_____ en contacto.

   Mi abuela y su mejor amiga de la infancia todavía se _____mantienen_____ en contacto.

   Conclusión: Todos los amigos se _____mantienen_____ en contacto.

3. Yo me **llevo** bien con mi hermano.

   Tú te _____llevas_____ bien con tu hermano.

   Mis padres se _____llevan_____ bien con sus hermanos.

   Conclusión: Todos los hermanos se _____llevan_____ bien.

4. Yo siempre les **hago** caso a mis padres.

   Tú siempre les _____haces_____ caso a tus padres.

   Mi amigo Guillermo siempre les _____hace_____ caso a sus padres.

   Conclusión: Todos los hijos les _____hacen_____ caso a sus padres.

2 **Excusas** Juan quiere salir con Marina, pero ella no está muy interesada. Completa la conversación entre ellos con la forma correcta de los verbos entre paréntesis.

JUAN ¿(1) _____Quieres_____ (Querer) salir conmigo esta tarde?

MARINA No, gracias, esta tarde (2) _____salgo_____ (salir) con una amiga.

JUAN ¿Adónde (3) _____van_____ (ir) a ir ustedes?

MARINA Yo no lo (4) _____sé_____ (saber) todavía.

JUAN ¿Cuándo (5) _____piensas_____ (pensar) tú que lo vas a saber?

MARINA Nosotras (6) _____tenemos_____ (tener) que ir antes a casa de Andrea, pero yo

(7) _____creo_____ (creer) que vamos a ir al cine.

JUAN De acuerdo, pero nosotros (8) _____podemos_____ (poder) hacer planes para mañana.

MARINA Yo (9) _____tengo_____ (tener) mucha tarea y además (10) _____estoy_____ (estar)

muy preocupada por mi amiga. Ella (11) _____está_____ (estar) deprimida.

JUAN ¿Qué (12) _____puedo_____ (poder) hacer yo para ayudarla?

MARINA Hmm... La verdad es que no (13) _____veo_____ (ver) cómo tú podrías ayudarla, pero gracias.

Lección 1

3 **¡Pobre Manuel!** Manuel está enojado. Le molestan algunas cosas que hacen su familia y sus amigos. Completa las oraciones usando los verbos entre paréntesis para explicar por qué Manuel está enojado.

Answers will vary.

1. Manuel está enojado con su novia porque...

   (saber) _____

   (dormir) _____

2. Manuel está enojado con sus amigos porque...

   (estar) _____

   (tener) _____

3. Manuel está enojado con su vecina, doña María, porque...

   (decir) _____

   (hacer) _____

4. Manuel está enojado con Andrés y Luisa porque...

   (discutir) _____

   (traer) _____

4 **Primer contacto** Los padres de Marcos se conocieron en Internet jugando a las cartas y después comenzaron a intercambiar mensajes por correo electrónico. Completa sus primeros mensajes con los verbos de la lista.

creer	estudiar	preferir	salir	tomar
dirigir	pensar	querer	tener	trabajar

¡Hola, Mariana! Como ya sabes, soy periodista y (1) _____dirijo_____ la sección de cultura de una revista. (2) _____Tengo_____ una perra que se llama Lola. No (3) _____salgo_____ mucho porque siempre estoy trabajando. (4) _____Creo/Pienso_____ que eres una mujer muy interesante. Espero conocerte en persona pronto.

Hola, Jorge, gracias por tu mensaje. Tengo 25 años, ¿y tú? (5) _____Estudio_____ economía en la UNAM; además, (6) _____tomo_____ clases de estadística. También (7) _____trabajo_____ en un banco en la Ciudad de México. (8) _____Prefiero_____ a los hombres inteligentes y seguros, y (9) _____creo/pienso_____ que eres así. Yo también (10) _____quiero_____ conocerte en persona pronto.

5 **La primera cita** Tomás y Sandra salen juntos por primera vez. Cuenta qué sucede en su primera cita. Usa al menos seis verbos de la lista en tiempo presente. Answers will vary.

caminar	compartir	hablar	ir	salir
comer	dar	hacer	pedir	trabajar

_____

_____

_____

_____

_____

   © by Vista Higher Learning, Inc. All rights reserved.

1.2 *Ser* and *estar*

1 **¿*Ser* o *estar*?** Completa el párrafo con la forma apropiada de **ser** y **estar**.

Daniel (1) _____está_____ hablando por teléfono con su primo Ernesto. Ernesto

(2) _____está_____ deprimido porque su novia (3) _____está_____ muy lejos: ella

(4) _____está_____ en los EE.UU. Su situación (5) _____es_____ complicada porque

Ernesto (6) _____es_____ de México, y su novia (7) _____es_____ estadounidense y

vive en Miami. Ellos (8) _____están_____ muy enamorados, pero no (9) _____son_____

felices. Ernesto (10) _____está_____ pensando en ir a estudiar a Miami este verano y le

pregunta a su primo Daniel si (11) _____es_____ una buena idea. ¿Qué consejos le

dará Daniel a su primo?

2 **¿Qué significa?** Selecciona la opción con el mismo significado que la oración original.

1. A Juan no le gusta mucho la clase de italiano.
   a. Juan es aburrido.   (b.) Juan está aburrido.

2. Juan se va de vacaciones con su familia. Ya tiene todo en orden. Quiere salir ahora.
   a. Juan es listo.   (b.) Juan está listo.

3. ¡Este jamón tiene un olor extraño!
   a. El jamón es malo.   (b.) El jamón está malo.

4. Estas naranjas no han madurado (*have not ripened*).
   (a.) Las naranjas están verdes.   b. Las naranjas son verdes.

5. Las chicas siempre suspiran (*sigh*) cuando ven a Juan.
   (a.) Juan es guapo.   b. Juan está guapo.

6. Juan es un chico muy activo; tiene planes para toda la semana, pero no para el sábado.
   a. Juan es libre el sábado.   (b.) Juan está libre el sábado.

3 **Primer día de clase** Completa el párrafo con la forma apropiada de **ser** y **estar**.

(1) _____Son_____ las 7:00 de la mañana y Lucía todavía (2) _____está_____ en la

cama. Hoy (3) _____es_____ su primer día de clase en una nueva escuela y tiene que

(4) _____estar_____ ahí a las 8:00. Mira por la ventana y (5) _____está_____ nublado. Se

prepara rápidamente y a las 7:30 ya (6) _____está_____ lista. Lucía no sabe dónde

(7) _____está_____ la escuela nueva, pero su padre la acompaña en carro. Sus nuevos

compañeros (8) _____están_____ tomando un examen, pero la profesora les dice que pueden

saludar a Lucía. Ella piensa que todos (9) _____son_____ simpáticos. La nueva escuela

(10) _____es_____ muy grande y tiene muchos estudiantes. Lucía (11) _____está_____

un poco nerviosa, pero (12) _____está_____ contenta y cree que éste (13) _____es_____

un buen lugar para estudiar. Finalmente, Lucía llega a casa a las seis de la tarde y

(14) _____está_____ muy cansada, pero sabe que el primer día de escuela siempre

(15) _____es_____ difícil.

4 **El consultorio** Lee la carta que un consejero sentimental le envía a Julia y completa las oraciones con la forma correcta de **ser** y **estar**.

Querida Julia:

Tu caso no (1) _____es_____ único, (2) _____es_____ muy frecuente. Hay personas que (3) _____son_____ insensibles a los sentimientos de los demás y tu novio (4) _____es_____ una de esas personas. Él dice que (5) _____está_____ agobiado con los estudios y que (6) _____está_____ deprimido. No sale contigo porque (7) _____está_____ estudiando y cuando sale contigo siempre (8) _____está_____ coqueteando con otras chicas. Sé que tú (9) _____estás_____ pasando por un momento difícil, pero tienes que darte cuenta de que tu novio no (10) _____es_____ sincero contigo. Te aconsejo que rompas con él. Julia, tú (11) _____eres_____ una buena chica y pronto vas a (12) _____estar_____ lista para empezar una nueva relación.

5 **La carta de Julia** Imagina que tú eres Julia. Escribe la carta que ella le escribió al consejero sentimental. Usa **ser** y **estar** en cinco oraciones. Answers will vary.

Estimado consejero sentimental:

Necesito su consejo porque tengo problemas en mi relación. Mi novio…

_____

_____

_____

_____

_____

Atentamente,

Julia

6 **Blog** Escribe una entrada de blog sobre ti. Describe tu personalidad y tu estado de ánimo actual (*present*). Usa **ser** y **estar** y el vocabulario de la lección. Answers will vary.

_____

_____

_____

_____

_____

_____

_____

_____

_____

© by Vista Higher Learning, Inc. All rights reserved.

1.3 Progressive forms

1 **¡Qué desconcierto!** Martín, el representante de un grupo musical, iba a reunirse con los músicos, pero solamente un miembro del grupo apareció en la reunión. Completa su conversación con el gerundio de los verbos entre paréntesis.

GUILLE ¿Qué anda (1) ____buscando____ (buscar), jefe?

MARTÍN Al grupo. Hace media hora que debían estar aquí.

GUILLE Están (2) ____descansando____ (descansar), jefe. Anoche estuvimos (3) ____trabajando____ (trabajar) hasta tarde.

MARTÍN ¡Me estoy (4) ____poniendo____ (poner) nervioso! Tenemos que ensayar el nuevo tema. ¿Qué están (5) ____haciendo____ (hacer)?

GUILLE Juan está (6) ____durmiendo____ (dormir). Se acostó al mediodía.

MARTÍN ¡Ese muchacho sigue (7) ____siendo____ (ser) un irresponsable! No sé por qué lo sigo (8) ____soportando____ (soportar).

GUILLE No se enoje, jefe. Juan está (9) ____tocando____ (tocar) muy bien la guitarra estos días.

MARTÍN ¿Qué me dices de Karina?

GUILLE Hace media hora estaba (10) ____leyendo____ (leer) una novela en la biblioteca.

MARTÍN ¿Y la cantante? ¿Dónde está (11) ____perdiendo____ (perder) el tiempo?

GUILLE Está (12) ____comiendo____ (comer).

MARTÍN ¿Otra vez? ¡No podemos seguir a este ritmo!

2 **¿Qué están haciendo?** Elige seis de las personas o grupos de personas de la lista y para cada una escribe una oración completa con **estar** + [*gerundio*] para explicar lo que están haciendo ahora mismo. Answers will vary.

mi hermano/a	mi novio/a
mi madre	mi profesor(a) de español
mi mejor amigo/a	mi vecino/a
nosotros	yo

1. _____
2. _____
3. _____
4. _____
5. _____
6. _____

Lección 1

3 **Muchas preguntas** Completa esta conversación entre dos amigas. ¡Una de ellas es muy preguntona! Usa el presente progresivo de los verbos entre paréntesis.

SARA ¿A quién <u>estás llamando por teléfono</u> (llamar por teléfono)?

ANA A nadie. ¡Sólo tengo mi celular para llamarte a ti!

SARA ¿En qué (1) <u>estás pensando</u> (pensar)?

ANA <u>Estoy pensando</u> en el fin de semana. Quiero ir a un concierto con unos amigos.

SARA ¿Qué (2) <u>estás leyendo</u> (leer)?

ANA <u>Estoy leyendo</u> una novela de Mario Benedetti.

SARA ¿Qué (3) <u>estás bebiendo</u> (beber)?

ANA <u>Estoy bebiendo</u> una soda.

SARA ¿Qué (4) <u>estás escribiendo</u> (escribir)?

ANA <u>Estoy escribiendo</u> unos apuntes para el ensayo de literatura.

SARA ¿De qué te (5) <u>estás riendo</u> (reír)?

ANA ¡Me <u>estoy riendo</u> de tus preguntas!

4 **Describir** Usa los verbos de la lista para describir lo que están haciendo estas personas.

Answers may vary slightly.
Sample answers:

cerrar	comprar	hacer gimnasia
comer	dormir	mostrar

1. <u>Las niñas están durmiendo.</u>

2. Tomás <u>está mostrando un póster de su equipo de baloncesto favorito.</u>

3. Nosotros <u>estamos comiendo.</u>

4. Marcela <u>está comprando una maleta para viajar.</u>

5. Julieta <u>está cerrando la ventana.</u>

6. Mi hermana <u>está haciendo gimnasia.</u>

© by Vista Higher Learning, Inc. All rights reserved.

lectura

1 **Antes de leer** ¿Cuáles son las ciudades más grandes de tu país? Ordénalas según el tamaño (*size*). ¿Tienen algo en común? Answers will vary.

_____

_____

MÉXICO D.F., UNA MEGAMETRÓPOLI

La Ciudad de México (México D.F.) es una verdadera megametrópoli. Hoy en día, es considerada la ciudad más grande de toda América Latina y una de las más grandes y pobladas del mundo. México D.F. atrae a miles de inmigrantes y turistas por ser el centro cultural, político y económico del país.

México D.F. fue construida sobre la antigua Tenochtitlán, capital del imperio azteca, la cual fue fundada en 1325 sobre una isla. En 1521, los conquistadores españoles, al mando de Hernán Cortés, destruyeron esa majestuosa ciudad y fundaron lo que hoy es la moderna capital del país.

En el centro de la ciudad está la llamada Plaza de la Constitución, conocida popularmente como El Zócalo. El Zócalo ha sido el corazón de la ciudad desde el período azteca. Alrededor de El Zócalo, se encuentran la

El estadio Azteca en México D.F.

Catedral Metropolitana y el Palacio Nacional, actual sede del gobierno mexicano. Es aquí donde tienen lugar las mayores celebraciones nacionales y los desfiles militares importantes. El centro histórico de la ciudad, ubicado en los alrededores de El Zócalo, es un microcosmos de arte, monumentos, tiendas y magníficos restaurantes, bares y cantinas. Los aficionados al fútbol se congregan (*gather*) en el estadio Azteca. Éste es el único estadio donde se jugaron dos finales de la Copa Mundial de fútbol: en 1970 y en 1986.

2 **Después de leer** Contesta estas preguntas con oraciones completas.

1. ¿Por qué se dice que México D.F. es una megametrópoli?

   Porque es considerada la ciudad más grande de América Latina y una de las más grandes y pobladas del mundo.

2. ¿Por qué México D.F. atrae a tantos inmigrantes y turistas?

   México D.F. atrae a inmigrantes y a turistas porque es el centro cultural, político y económico de México.

3. ¿Sobre qué antigua ciudad fue construida la Ciudad de México?

   La Ciudad de México fue construida sobre la antigua Tenochtitlán.

4. ¿Qué lugar es considerado el corazón de la Ciudad de México?

   El Zócalo es considerado el corazón de la ciudad.

5. ¿Cuál es la sede del gobierno mexicano en la actualidad?

   El Palacio Nacional es la actual sede del gobierno mexicano.

6. ¿Qué se puede ver en el centro histórico de México D.F.?

   Se pueden ver monumentos, tiendas, restaurantes, etc.

© by Vista Higher Learning, Inc. All rights reserved.

composición

PREPARACIÓN

Imagina que tienes un(a) nuevo/a amigo/a que vive en la Ciudad de México. Describe tu personalidad y la personalidad de tu amigo/a.

Mi personalidad	La personalidad de mi amigo/a
_____	_____
_____	_____
_____	_____

Ahora, busca información en la lectura anterior, *México D.F., una megametrópoli*, en los apuntes culturales de tu libro de texto y en Internet. Luego, escribe una lista de los lugares que a ti y a tu amigo/a les gustaría visitar según la personalidad de cada uno/a.

Lugares que quiero visitar yo

_____

_____

_____

Lugares que quiere visitar mi amigo/a

_____

_____

_____

COMPOSICIÓN

Vas a viajar a México D.F. en una semana para visitar a tu amigo/a. Usa la información de la actividad anterior para escribir un programa de actividades con los lugares que van a visitar y las actividades que van a hacer allí durante una semana. Continúa tu composición en una hoja aparte. Answers will vary.

El lunes mi amigo/a y yo vamos a buscar un hotel cerca de El Zócalo y vamos a descansar. Mi amigo/a es

_____ *y él/ella prefiere* _____
    (adjetivo)

_____

_____

_____

_____

_____

_____

_____

_____

_____

© by Vista Higher Learning, Inc. All rights reserved.

Lección 1

contextos

Lección 2
Las diversiones

---

1 **Palabras relacionadas** Indica qué palabra no pertenece al grupo.

1. celebrar   brindar   festejar   (aburrirse)

2. equipo   torneo   (discoteca)   entrenador

3. cantante   (árbitro)   concierto   grupo musical

4. estreno   escenario   taquilla   (boliche)

---

2 **La entrega de premios** Completa la conversación con las palabras de la lista.

actores	asiento	conseguir	entradas	hacer cola
aplaudir	boletos	divertir	escenario	taquilla

ADRIANA Mira cuánta gente hay en la (1) _____ taquilla _____.

NATALIA ¡Qué suerte! Nosotras no tenemos que (2) _____ hacer cola _____. Ya tenemos las (3) _____ entradas _____.

ADRIANA Natalia, estamos muy cerca del (4) _____ escenario _____. ¿Cuál es tu (5) _____ asiento _____?

NATALIA Yo tengo el catorce.

ADRIANA Vamos a ver a todos los (6) _____ actores _____. ¡Nos vamos a (7) _____ divertir _____!

NATALIA ¡Ay, sí! Me van a doler las manos de tanto (8) _____ aplaudir _____.

ADRIANA Gracias por (9) _____ conseguir _____ los (10) _____ boletos _____.

---

3 **Mis pasatiempos favoritos** Empareja las palabras de las dos columnas. Después escribe oraciones lógicas sobre tus pasatiempos favoritos. Usa al menos seis palabras de la lista. Sentences will vary.

__f__ 1. cine	a. obra de teatro
__c__ 2. ajedrez	b. empate
__b__ 3. goles	c. juego de mesa
__a__ 4. escenario	d. entrenador
__d__ 5. equipo	e. álbum
__e__ 6. conjunto musical	f. película

1. _____

2. _____

3. _____

4. _____

5. _____

6. _____

© by Vista Higher Learning, Inc. All rights reserved.

Lección 2

4 **¿Qué hacemos?** Escribe sugerencias sobre cómo divertirse en cada una de estas situaciones.

Answers will vary.

modelo

Es el mediodía. Juan terminó el examen y tiene la tarde libre.
Juan puede divertirse y disfrutar de la tarde sin estudiar.

1. Es viernes por la noche. Tú y tus amigos no tienen mucha energía. _____

_____

2. Es sábado por la mañana y es un día de sol. Marcos se pasó la semana estudiando. _____

_____

3. Es sábado por la noche. ¡No tengo planes! _____

_____

4. Es domingo por la tarde y llueve muchísimo. Mara y Laura querían salir a comer. _____

_____

5 **Fin de semana de lluvia**

A. Haz una lista de tus actividades favoritas para el fin de semana en orden de preferencia.

Answers will vary.

1. _____   4. _____   7. _____

2. _____   5. _____   8. _____

3. _____   6. _____   9. _____

B. Según el pronóstico, este fin de semana va a llover. ¿Puedes hacer todas las actividades de la parte **A**? ¿Por qué? Escribe un párrafo sobre lo que haces y no haces en un fin de semana de lluvia.

En un fin *de semana de lluvia,* yo _____

_____

_____

_____

_____

_____

_____

_____

_____

_____

_____

_____

_____

_____

© by Vista Higher Learning, Inc. All rights reserved.

Lección 2

estructura

2.1 Object pronouns

1 **¿Para qué sirve?** Escribe al menos tres cosas que haces con cada uno de los objetos o situaciones.
Usa pronombres de complemento directo. Answers will vary. Sample answers:

1. una película: _la alquilo, la veo, la compro, la disfruto…_

2. un videojuego: _lo compro, lo alquilo…_

3. unas entradas: _las pago, las vendo…_

4. los discos compactos: _los escucho, los regalo…_

5. el partido de fútbol: _lo disfruto, lo juego…_

2 **¿A qué se refieren?** Lee los textos escritos por periodistas e indica a qué o a quién(es) se refiere cada
pronombre subrayado.

> **GOL** Durante el primer tiempo, el partido fue muy aburrido. Pero en el segundo tiempo,
> el San Martín <u>lo</u> animó y <u>le</u> ganó al Santiago 3 a 1. Dos fanáticos comentaron: "No <u>nos</u>
> (1)   (2)   (3)
> llamó la atención. El San Martín siempre <u>nos</u> da el premio de la victoria."
>   (4)

1. _____el partido_____ 3. _____a los fanáticos_____

2. _____al Santiago_____ 4. _____a los fanáticos_____

> **TELEVISIÓN** La cadena GBJ va a retransmitir esta noche el controvertido video
> musical del grupo Niquis. El director de la cadena, Alberto Anaya, <u>nos</u> envió un fax a los
>   (5)
> periodistas para informar<u>nos</u> de su decisión. El video muestra al cantante del grupo
>   (6)
> protestando contra la guerra. La Asociación de Televidentes acepta que <u>lo</u> muestren con
>   (7)
> una condición: que el Señor Anaya no <u>lo</u> transmita en horario infantil.
>   (8)

5. ___a nosotros/a los periodistas___ 7 _____el video_____

6. ___a nosotros/a los periodistas___ 8. _____el video_____

3 **En la radio** Completa la entrevista con los pronombres adecuados.

LOCUTOR Es un gusto para (1) _mí_ tenerte otra vez en mi programa. Se te ve muy contento.

DIRECTOR Sí, (2) _lo_ estoy. Este premio es muy importante para (3) _mí_.

LOCUTOR ¿A quién (4) _le_ dedicas el premio?

DIRECTOR A mi esposa, claro. Ella (5) _me_ apoya siempre. (6) _Me_ ayuda en los momentos malos
y (7) _me_ acompaña siempre en mis viajes.

LOCUTOR ¿Cuáles son tus proyectos ahora?

DIRECTOR Siempre (8) _me_ gusta tomarme un descanso después de cada película. A mi esposa y a
(9) _mí_ siempre (10) _nos_ gusta tomarnos unas vacaciones.

© by Vista Higher Learning, Inc. All rights reserved.

Lección 2

4 **Consejos** Completa las oraciones reemplazando las palabras subrayadas con los pronombres adecuados.

1. Saluda a los espectadores.
   Recuerda: Debes saludarlos./Los debes saludar.

2. No olvides las cámaras.
   Recuerda: No debes olvidarlas. / No las debes olvidar.

3. No muevas tanto la boca al hablar.
   Recuerda: No debes moverla. / No la debes mover.

4. Evita los gestos exagerados con la cara y las manos.
   Recuerda: Debes evitarlos. / Los debes evitar.

5. Deja las escenas de riesgo para tu doble.
   Recuerda: Debes dejarlas. / Las debes dejar.

6. Escucha al director.
   Recuerda: Debes escucharlo. / Lo debes escuchar.

7. Estudia bien el guión de tu personaje.
   Recuerda: Debes estudiarlo. / Lo debes estudiar.

8. Trata a los otros actores bien.
   Recuerda: Debes tratarlos bien. / Los debes tratar bien.

5 **Entrevista** Completa la entrevista que un periodista le hace a un actor famoso. El actor contradice todo lo que dice el periodista. Usa los pronombres adecuados en las respuestas del actor.

modelo

PERIODISTA Mi colega dijo que el público odia tu nueva película.
ACTOR *No, no la odia.*

1. **PERIODISTA** Un colega periodista los vio a ti y a tu amiga, Laura Luna, cenando en un restaurante. ¿Es verdad? ¿Los vio?
   ACTOR No, no nos vio.

2. **PERIODISTA** También me contó que te pidió un autógrafo.
   ACTOR No, no me lo pidió.

3. **PERIODISTA** Él me dijo que no pagaste la cena de tu amiga.
   ACTOR Sí, se la pagué.

4. **PERIODISTA** Y también me dijo que no les diste propina (*tip*) a los camareros.
   ACTOR Sí, se la di.

5. **PERIODISTA** Él me dijo que le diste un beso a tu amiga.
   ACTOR No, no se lo di.

6 **Conciertos** Imagina que eres el/la nuevo/a secretario/a de cultura de tu ciudad. Contesta las preguntas de un periodista sobre eventos musicales en tu ciudad. Usa pronombres de complemento directo. Palabras útiles: **la taquilla, el público, el representante artístico, el organizador de la feria.** Answers will vary.
Suggested answers:

1. ¿Quién elige a los grupos musicales? El público los elige.

2. ¿Quién contrata a los artistas? El organizador de la feria los contrata.

3. ¿Quién negocia el contrato de los músicos? El representante artístico lo negocia.

4. ¿Dónde puedo comprar las entradas para un concierto? Las puede(s) comprar en la taquilla. / Puede(s) comprarlas en la taquilla.

  © by Vista Higher Learning, Inc. All rights reserved.

2.2 *Gustar* and similar verbs

1 **¡Opiniones diferentes!** Completa la conversación entre Pablo y Raquel con la forma correcta de los verbos de la lista y los pronombres adecuados. En algunos casos, más de una respuesta es posible. No repitas los verbos.

aburrir	doler	fascinar	interesar
disgustar	encantar	gustar	molestar

PABLO ¡Cómo me estoy divirtiendo! (1) __Me encanta/fascina/gusta__ este grupo musical.

RAQUEL Pues a mí (2) __me aburre/molesta__ y (3) __me molesta/aburre__ la música tan alta (*loud*), además (4) __me duele__ la cabeza.

PABLO A ti siempre (5) __te disgusta/aburre/molesta__ todo lo que a mí (6) __me interesa/gusta/encanta/fascina__.

RAQUEL La próxima vez vamos a ver una película; yo sé que (7) __te fascina/encanta/interesa/gusta__ el cine. Podemos invitar a Andrés.

PABLO Sí, a Andrés y a mí (8) __nos gustan/fascinan/interesan__ todas las películas, especialmente los grandes estrenos.

2 **De turismo** Un periodista entrevista a un grupo de turistas que están visitando la Ciudad de México. Escribe las preguntas del periodista.

1. (aburrir / la ciudad / a ti) ¿__Te aburre la ciudad__?
2. (gustar / los edificios / a ti) ¿__Te gustan los edificios__?
3. (caer bien / la gente / a ustedes) ¿__Les cae bien la gente__?
4. (preocupar / la calidad de los restaurantes / a usted) ¿__Le preocupa la calidad de los restaurantes__?
5. (interesar / el arte / a ustedes) ¿__Les interesa el arte__?
6. (faltar / lugares de entretenimiento / a la ciudad) ¿__Le faltan lugares de entretenimiento a la ciudad__?

3 **Opiniones** Completa las respuestas de algunos turistas a las preguntas de la actividad anterior.

1. Raúl: "¡No! ¡Al contrario! Es grande y divertida. La ciudad no __me aburre__ (aburrir) ni un poquito".
2. Eugenia: "Son hermosos. El estilo modernista __me gusta__ (gustar) especialmente".
3. Esteban y Mariela: "La gente __nos cae__ (caer) muy bien. Nos tratan maravillosamente en todos lados. La gente aquí es muy cálida".
4. Pepe: "Sí, la calidad de los restaurantes __me preocupa__ (preocupar) un poco, porque quiero comer bien. Aunque hasta ahora, son excelentes".
5. Mariano y Lisa: "Sí, el arte __nos interesa__ (interesar) mucho. Vamos a visitar todos los museos".
6. Roberto: "Sitios de entretenimiento es lo que menos __le falta__ (faltar) a la ciudad".

4 **Preferencias** Escribe oraciones lógicas usando en cada una un elemento de cada columna.

Answers will vary.

mis amigos	fascinar	jugar al fútbol
yo	molestar	hacer cola
tu entrenador	aburrir	ganar partidos
los espectadores	gustar	los conciertos
los jugadores	encantar	vender discos
el cantante	importar	el ajedrez
los músicos	disgustar	los pasatiempos
el árbitro	preocupar	perder
el equipo	interesar	ganar
los deportistas	faltar	los espectáculos

1. _A mis amigos les molesta hacer cola._____

2. _____

3. _____

4. _____

5. _____

6. _____

7. _____

8. _____

9. _____

10. _____

5 **Tus gustos** ¿Qué pasatiempos y actividades te gustan? ¿Por qué? Escribe un párrafo de por lo menos seis oraciones expresando tu opinión. Usa **gustar** y otros verbos similares, y el vocabulario de la lección.

Answers will vary.

_____

_____

_____

_____

_____

_____

_____

_____

_____

_____

_____

Lección 2

© by Vista Higher Learning, Inc. All rights reserved.

2.3 Reflexive verbs

1 **La rutina de Carolina** Ordena las oraciones de una manera lógica.

_____6_____ a. Después del desayuno, **se lava** los dientes y **se peina**.

_____2_____ b. Sin embargo, nunca **se levanta** hasta las 7:30.

_____8_____ c. Por último, **se pone** la chaqueta y sale para la oficina.

_____4_____ d. Después de **ducharse, se viste**.

_____1_____ e. Carolina **se despierta** a las 7:00 de la mañana cuando suena su despertador.

_____5_____ f. Después de **vestirse**, desayuna.

_____3_____ g. Lo primero que hace después de **levantarse** es **ducharse**.

_____7_____ h. Carolina **se maquilla** después de **peinarse**.

2 **Un día importante** Completa los planes de Raquel con los verbos de la lista. Usa el presente o el infinitivo, según corresponda.

| ducharse | levantarse | ponerse | relajarse |
| enterarse | maquillarse | preocuparse | vestirse |

¡A ver, chicas! Éstos son los planes para mañana. Presten atención porque no quiero

(1) ____preocuparme____ mañana. Quiero estar preparada tres horas antes de la

ceremonia. Éste es el plan: todas (2) ____nos levantamos____ temprano, a las siete de

la mañana. Yo necesito unos veinte minutos para (3) ____ducharme____. Luego,

(4) ____me relajo____ un rato mientras espero a la peluquera (*hairdresser*).

Después, (5) ____me visto____; el vestido es tan bonito… ¡Qué nervios! Luego

(6) ____me maquillo____ yo sola porque no me gusta que nadie me toque la cara.

Seguramente Daniel también va a (7) ____ponerse____ muy nervioso, como yo.

Pero seguro que los invitados no van a (8) ____enterarse____ de lo nerviosos que estamos.

3 **¿Voy o me voy?** Completa las oraciones con la forma adecuada del verbo entre paréntesis.

1. Ana y Juan ____acuerdan____ (acordar) no pelear más.

2. Ana y Juan ____se acuerdan____ (acordar) de su primera cita.

3. Carmen y yo ____nos vamos____ (ir) temprano de la fiesta.

4. Carmen y yo ____vamos____ (ir) a la fiesta muy mal vestidos.

5. Martín y Silvia ____se llevan____ (llevar) muy bien.

6. Martín y Silvia ____llevan____ (llevar) a los niños a un picnic.

7. Sebastián ____pone____ (poner) la camisa sobre la cama.

8. Sebastián ____se pone____ (poner) la camisa roja.

9. Yo ____reúno____ (reunir) el material que necesito para terminar el proyecto.

10. Yo ____me reúno____ (reunir) con mis amigos para terminar el proyecto.

© by Vista Higher Learning, Inc. All rights reserved. **Lección 2 Estructura** Activities **17**

Lección 2

4 **¡Sí!** Completa la conversación con algunos verbos de la lista.

acostarse	cepillarse	ducharse	peinarse	quitarse
bañarse	despertarse	lavarse	ponerse	secarse

MADRE ¿Pueden (1) _____lavarse_____ la cara? Es muy feo estar con la cara sucia.

LOS NIÑOS Sí, mamá, ahora (2) _____nos lavamos_____ la cara.

MADRE También tienen que (3) _____peinarse_____. Es muy feo salir despeinados.

LOS NIÑOS Sí, mamá, ya (4) _____nos peinamos_____.

MADRE Y deben (5) _____cepillarse_____ los dientes. Es importante hacerlo después de cada comida.

LOS NIÑOS Sí, mamá, ahora mismo (6) _____nos cepillamos_____ los dientes.

MADRE Felipe, ¿puedes (7) _____ponerte_____ el pantalón marrón? Es el mejor que tienes.

FELIPE Sí, mamá, ya (8) _____me pongo_____ el pantalón marrón.

MADRE Felisa, ¡tienes que (9) _____quitarte_____ los zapatos viejos! No quiero que salgas con zapatos tan gastados.

FELISA Sí, mamá, ahora mismito (10) _____me quito_____ los zapatos viejos.

MADRE Bien. Entonces ya podemos ir al zoológico.

5 **Un asistente con paciencia** Completa las preguntas que le hace Miguel a su asistente. Usa las preposiciones **de, en** o **a**.

1. ¿Se acordó __de__ hablar con el conjunto Los maniáticos?

2. ¿Se dio cuenta __de__ que las invitaciones no están bien?

3. ¿Se acordó __de__ que el líder del grupo se quejó __de__ la decoración?

4. ¿Se dio cuenta __de__ que los músicos se fijaron __en__ la suciedad (*dirt*) del escenario?

5. ¿Se enteró __de__ que el chef está enfermo?

6. ¿Se acordó __de__ que la banda quiere pizza y gaseosa (*soda*)?

7. ¿Se sorprendió __de__ que los fans del grupo no quieran venir al concierto?

8. ¿Se acercó __a__ la oficina del representante para ver si ya estaba todo arreglado?

6 **Dos rutinas** Escribe un párrafo para comparar tu rutina diaria con la de un pariente que sea muy diferente a ti (diferente estilo de vida, generación, carácter). Usa estos verbos y, por lo menos, dos más que no estén en la lista. Answers will vary.

acostarse	cepillarse	maquillarse
afeitarse	ducharse	vestirse

_____

_____

_____

_____

_____

© by Vista Higher Learning, Inc. All rights reserved.

Lección 2

lectura

1   **Antes de leer** ¿Qué tipo de música te gusta escuchar? _____

_____

La música latina

En los últimos años, la música latina se ha convertido en un verdadero fenómeno de masas. Son muchos los artistas hispanos que han conseguido un extraordinario éxito en el mercado internacional: Shakira, Julieta Venegas, Juanes, Ricky Martin y el grupo Calle 13, entre otros.

¿Por qué la música latina le gusta tanto al público estadounidense? Lo que está claro es que lo latino está de moda. ¿Quieres saber algo más sobre algunos de estos artistas?

El célebre guitarrista mexicano Carlos Santana triunfó en el festival de Woodstock de 1969 con su estilo original, una fusión de rock y ritmos afrocubanos. Ha obtenido numerosos premios y, en 1998, recibió su estrella en el Camino de la Fama en Hollywood. Su álbum *Supernatural* recibió ocho premios Grammy en el año 2000. En 2002 y 2005 sacó dos nuevos álbumes. En 2009, recibió un reconocimiento a su trayectoria en los Premios Billboard de la Música Latina.

El grupo mexicano Zoé es uno de los más reconocidos del rock latino. Cuenta con más de cinco discos y sus canciones han llegado a todos los continentes. Zoé ha recibido incontables premios. En 2011 la banda lanza el álbum *MTV Unplugged: Música de fondo,* el cual recibió disco de platino por sus numerosas ventas.

La colombiana Shakira saltó a la fama mundial con el disco *Pies descalzos.* A los 14 años grabó su primer álbum. A lo largo de su carrera, ha recibido galardones (*awards*) que incluyen varios premios Grammy, Billboard y MTV Latinoamérica. Su inconfundible voz y su vitalidad la han convertido en una estrella internacional.

2   **Después de leer**

A. ¿Cierto o falso? Indica si las siguientes oraciones son **ciertas** o **falsas** y corrige las falsas.

Cierto   **Falso**

☑   ☐   1. La música latina tiene éxito en los EE.UU. porque lo latino está de moda.

_____

☐   ☑   2. Carlos Santana es de Colombia. Es de México.

☐   ☑   3. El álbum *Supernatural* de Santana consiguió diez premios Grammy.

Consiguió ocho.

☑   ☐   4. Shakira ha recibido premios Grammy, Billboard y MTV Latinoamérica.

_____

☐   ☑   5. Zoé es conocido sólo en México. Sus canciones han llegado a todos los continentes.

B. Responder Contesta estas preguntas con oraciones completas.

1. ¿Dónde triunfó Carlos Santana por primera vez en los EE.UU.?

Santana triunfó en el festival de Woodstock en 1969.

2. ¿Qué características han convertido a Shakira en una artista internacional?

Su voz y su vitalidad la han convertido en una artista internacional.

3. ¿Por qué el grupo Zoé recibió un disco de platino en el 2011?

Zoé recibió un disco de platino porque tuvo numerosas ventas.

© by Vista Higher Learning, Inc. All rights reserved.

Lección 2

composición

El próximo fin de semana se va a celebrar en tu comunidad el Festival Cultural Mexicano. Imagina que tú tienes que escribir un artículo en el periódico para anunciar el festival.

PREPARACIÓN

Escribe una lista de cinco artistas latinos —actores, directores de cine, cantantes, etc.— que van a estar presentes en el festival. Luego, piensa en los eventos y actividades culturales en los que cada uno de ellos va a participar. Puedes buscar información en la lectura *La música latina*, en las lecturas de tu libro de texto y en Internet.

Los artistas	Los eventos y las actividades

COMPOSICIÓN

Escribe un artículo anunciando el Festival Cultural Mexicano. Continúa en una hoja aparte.

- Describe el evento nombrando las celebridades que asistirán. Concéntrate en uno o dos artistas.

- Incluye una cita (*quote*) de los artistas elegidos o una minientrevista para que tu artículo sea más interesante. ¡Sé creativo/a!

- Termina tu artículo dando información sobre la hora y el lugar, y dónde se consiguen las entradas. Incluye también un número de teléfono y un sitio de Internet. Answers will vary.

_____

_____

_____

_____

_____

_____

_____

_____

_____

_____

_____

© by Vista Higher Learning, Inc. All rights reserved.

Lección 2

contextos

1 Costumbres del mundo hispano Elige la opción apropiada para completar cada oración.

1. Muchos dicen que llegar tarde es una costumbre del mundo hispano. A los millones de hispanos que llegan ____a____ a eventos y reuniones les molesta este estereotipo.
   a. a tiempo b. a veces c. a menudo

2. En Argentina, es costumbre cambiarse de ropa antes de salir de casa. Algunas mujeres son muy coquetas y ____b____ se las ve desarregladas.
   a. de repente b. casi nunca c. a propósito

3. En España, es muy común que los amigos se visiten sin avisar (*without notice*). Al llegar a la casa, la persona solamente debe ____c____.
   a. quitar la puerta b. tocar la bocina c. tocar el timbre

4. En el Perú, la mayoría de las compras se hacen con ____b____ o tarjeta de crédito. En muy pocos casos se hacen compras a través de Internet.
   a. débito b. dinero en efectivo c. reembolso

5. En países como España, a veces es difícil ____c____ a la hora del almuerzo porque muchas tiendas y oficinas cierran por tres o cuatro horas.
   a. tocar el timbre b. hablar por teléfono c. hacer mandados

6. En algunos países de Latinoamérica puedes pagar las cuentas de gas y de teléfono en ____b____.
   a. el restaurante b. el supermercado c. el probador

2 Palabras relacionadas Relaciona las palabras de la primera columna con las de la segunda columna. Luego, escribe cuatro oraciones usando al menos seis de estas palabras.

___e___ 1. quitar el polvo a. tarjeta de crédito
___b___ 2. ir de compras b. centro comercial
___d___ 3. probarse c. barato
___c___ 4. ganga d. probador
___f___ 5. devolver e. muebles
___a___ 6. dinero en efectivo f. reembolso

1. _____
2. _____
3. _____
4. _____

3 Tu vida diaria Contesta las preguntas con oraciones completas. Answers will vary.

1. ¿Vas de compras al centro comercial? ¿O prefieres ir a tiendas locales más pequeñas? ¿Por qué?

2. ¿Quién hace los quehaceres en tu casa? ¿Tú ayudas? ¿Con qué frecuencia?

3. Menciona tres cosas que haces por la mañana y tres cosas que haces por la tarde.

Lección 3

4 **De compras**

A. Lucía salió de compras con su hija. Ordena las oraciones de una manera lógica.

_6_ a. Lucía decidió comprarle el vestido más bonito, que era también el más caro.

_3_ b. Al salir del trabajo, recogió a su hija en la escuela y se fue con ella al centro comercial.

_1_ c. Hoy Lucía se levantó muy temprano.

_4_ d. Cuando llegaron al centro comercial, Lucía y su hija se fueron directamente a la sección de vestidos.

_8_ e. Finalmente, Lucía y su hija se fueron del centro comercial contentas de haber encontrado el vestido perfecto para la fiesta.

_2_ f. Llegó al trabajo una hora y media antes de lo habitual.

_5_ g. Su hija se probó allí varios vestidos para la fiesta de fin de año de la escuela.

_7_ h. Lucía pagó con tarjeta de crédito en tres cuotas.

B. Imagina que eres la hija de Lucía. Escribe en tu diario cómo es habitualmente la experiencia de ir de compras con tu mamá. Answers will vary.

a menudo	casi nunca	en el acto
a veces	de vez en cuando	por casualidad

Cuando voy de compras con mi mamá, casi nunca… _____

_____

_____

_____

_____

_____

5 **¿Qué prefieres?** Escribe lo que vas a hacer este fin de semana usando por lo menos cinco palabras o frases de la lista. Answers will vary.

ir de compras al centro comercial	hacer mandados
mirar televisión	arreglarse para salir
barrer	jugar videojuegos
cocinar	quitar el polvo

_____

_____

_____

_____

_____

_____

_____

_____

   © by Vista Higher Learning, Inc. All rights reserved.

Lección 3

estructura

3.1 The preterite

1 **Una fiesta** Completa las preguntas que Esther les hace a sus amigos para saber si hicieron los preparativos necesarios para una fiesta. Usa el pretérito de los verbos entre paréntesis.

1. ¿ _____Subieron_____ (subir) ustedes las bebidas?
2. Marta, ¿y tú?, ¿ _____pusiste_____ (poner) la comida en el refrigerador?
3. Y tú, Eva, ¿ _____tuviste_____ (tener) tiempo de preparar la lista de canciones?
4. Marta y Eva ¿les _____dieron_____ (dar) la dirección a los invitados?
5. Marta, ¿ _____hiciste_____ (hacer) las compras en el supermercado?
6. Ustedes, ¿ _____empezaron_____ (empezar) a limpiar la oficina?

2 **El fin de semana** Completa los comentarios de Ana sobre lo que hicieron sus amigos y ella la semana pasada.

Juan...

1. traducir / artículo _Tradujo un artículo._
2. leer / periódico _Leyó el periódico._
3. ir / supermercado _Fue al supermercado._

Marcos y sus amigos...

4. hacer / mandados _Hicieron mandados._
5. dormir / siesta _Durmieron la siesta._
6. lavar / ropa _Lavaron la ropa._

Lucía y yo...

7. escuchar / radio _Escuchamos la radio._
8. ir / centro comercial _Fuimos al centro comercial._
9. hacer / quehaceres _Hicimos los quehaceres._

Yo...

10. buscar / trabajo _Busqué trabajo._
11. llegar / tarde / cita _Llegué tarde a la cita._
12. empezar / tarea de español _Empecé la tarea de español._

3 **_Ser_ o _ir_** Indica qué verbo se utiliza en cada oración.

	ser	ir
1. Ayer hizo mucho calor. <u>Fui</u> a la piscina para refrescarme y tomar sol.	☐	☑
2. La semana pasada me visitó Mario. Él <u>fue</u> mi primer novio.	☑	☐
3. El año pasado <u>fue</u> muy difícil para mí. Tuve que trabajar y estudiar al mismo tiempo.	☑	☐
4. Esta semana <u>fui</u> dos veces a visitar a mis abuelos en Sevilla, en el sur de España.	☐	☑
5. El cumpleaños de Hernán <u>fue</u> muy aburrido. Para empezar, había pocos invitados y, justo cuando queríamos bailar, ¡el reproductor de MP3 se rompió!	☑	☐

Lección 3

© by Vista Higher Learning, Inc. All rights reserved. **Lección 3 Estructura** Activities **23**

4 **¿Qué pasó?** Marta no pudo ir a la fiesta de Esther. Completa la conversación telefónica con la forma correcta del pretérito de los verbos de la lista.

decir	llamar	perder	preguntar	tener
hacer	olvidar	poder	ser	venir

ESTHER Ayer tú no (1) _____ viniste _____ a la fiesta. Todos los invitados
(2) _____ preguntaron _____ por ti.

MARTA Uy, lo siento, pero mi día (3) _____ fue _____ terrible. Por la mañana, yo
(4) _____ perdí _____ mi cartera con el documento de identidad y las tarjetas de crédito. Y Javier y yo (5) _____ tuvimos _____ que ir a la comisaría (*police department*).

ESTHER ¿De verdad? Lo siento. ¿Por qué ustedes no me (6) _____ llamaron _____ por teléfono?

MARTA Nosotros no (7) _____ pudimos _____ llamar a nadie. Yo (8) _____ olvidé _____ mi teléfono celular en la casa.

ESTHER ¿Y qué te (9) _____ dijo _____ la policía?

MARTA Nada. Ellos me (10) _____ hicieron _____ esperar horas allí y al final me dijeron que tenía que volver al día siguiente…

5 **Cuéntalo** Imagina que eres Esther. Escríbele una carta a una amiga contándole por qué Marta no pudo ir a tu fiesta. Usa el pretérito. Answers will vary.

La fiesta fue muy divertida, pero Marta no pudo venir...

_____

_____

_____

_____

_____

6 **¿Qué te pasó?** Piensa en alguna historia divertida que te sucedió a ti y describe qué pasó, cuándo ocurrió, etc. Escribe un mínimo de cinco oraciones y usa por lo menos cuatro verbos de la lista en el pretérito. Answers will vary.

conducir	hacer	pedir	poner	querer	traer

_____

_____

_____

_____

_____

© by Vista Higher Learning, Inc. All rights reserved.

Lección 3

3.2 The imperfect

1   **Tomás de vacaciones** Completa las oraciones con la forma correcta del imperfecto de los verbos entre paréntesis.

Fui a El Corte Inglés, un gran almacén (*department store*) que (1) _____quedaba_____ (quedar) un poco lejos de mi hotel. (2) _____Había_____ (haber) mucho tráfico y yo no (3) _____quería_____ (querer) tomar un taxi. Fui a la parada, pero el autobús no (4) _____venía_____ (venir), así que decidí caminar por La Castellana. Al llegar, vi a muchas personas que (5) _____estaban_____ (estar) comprando ropa. (6) _____Había_____ (haber) muchísimas gangas. Todo el mundo me (7) _____saludaba_____ (saludar) muy amablemente. No (8) _____pensaba_____ (pensar) comprar nada, pero al final compré unos cuantos regalos. También (9) _____había_____ (haber) restaurantes cerca de El Corte Inglés. Los camareros (*waiters*) (10) _____eran_____ (ser) muy amables. Al final, fui a comer a un restaurante de tapas buenísimo.

2   **Recuerdos** Completa las oraciones con la forma correcta del imperfecto de los verbos entre paréntesis.

Cuando era niña, (1) _____vivía_____ (vivir) con mis padres y mis hermanos. Yo soy la mayor. Mi madre empezó a trabajar cuando yo (2) _____tenía_____ (tener) doce años, así que yo (3) _____cuidaba_____ (cuidar) a mis hermanos menores. Todas las mañanas, los (4) _____despertaba_____ (despertar) y les (5) _____hacía_____ (hacer) el desayuno. Después, mis hermanos y yo (6) _____íbamos_____ (ir) a la escuela. Cuando nosotros (7) _____volvíamos_____ (volver) de la escuela, yo (8) _____hacía_____ (hacer) la tarea. Yo (9) _____sabía_____ (saber) que no (10) _____podía_____ (poder) ir a la escuela que yo (11) _____quería_____ (querer) porque estaba muy lejos y el autobús no pasaba por mi casa. Así que fui a la que (12) _____estaba_____ (estar) cerca de casa y allí conocí a quienes hoy son mis mejores amigos.

3   **Diferencias culturales** Dos semanas después de su llegada a España, un estudiante llamó a su familia. Completa las oraciones según el modelo. Answers will vary.

> **modelo**
> Yo pensaba que *en España hacía siempre calor,* pero hay días que hace frío.

1. Yo creía que _____, pero muchos españoles hablan inglés.
2. Yo pensaba que _____, pero todavía hay oficinas y tiendas que cierran tres horas para el almuerzo y la siesta.
3. Antes creía que _____, pero, en verdad, en algunas regiones también se hablan otros idiomas.
4. Antes pensaba que _____, pero ahora adoro la comida española.
5. Creía que _____, pero es más grande que mi ciudad.
6. Yo pensaba que _____, pero los horarios de los españoles son muy diferentes.

© by Vista Higher Learning, Inc. All rights reserved.   **Lección 3 Estructura** Activities   **25**

Lección 3

4 **De niños** Estas personas mostraron de niños cuál sería su profesión. Usa los verbos entre paréntesis en imperfecto para completar las oraciones contando lo que hacían en su infancia. Answers will vary.
Answers for verb forms:

> **modelo**
>
> Héctor es arquitecto. De niño (construir) *construía casas de barro* (mud)
> *en el patio de su casa.*

1. Marcela es maestra. De niña (enseñar) enseñaba _____.

2. Gustavo es filósofo. De niño (preguntar) preguntaba _____.

3. Daniel es contador (*accountant*). De niño le (gustar) gustaba _____.

4. Miguel es músico. De niño (cantar) cantaba _____.

5. Yo soy bailarina. De niña (bailar) bailaba _____.

6. Isabel y Teresa son escritoras. De niñas (leer) leían _____.

7. Pablo y yo somos policías. De niños (jugar) jugábamos _____.

5 **Tu infancia** Contesta estas preguntas sobre tu infancia con oraciones completas. Answers will vary.

1. ¿Con quién(es) vivías cuando eras niño/a?

_____

2. ¿Cuántos/as amigos/as tenías?

_____

3. ¿Qué juegos preferías?

_____

4. ¿Qué libros te gustaba leer?

_____

5. ¿Qué programas veías en la televisión?

_____

6. ¿Cómo era tu personalidad?

_____

6 **Otras generaciones** Busca a una persona mayor que tú —puede ser tu madre, tu padre, tu abuelo/a o algún profesor— y hazle una entrevista sobre su infancia. Puedes usar como guía la actividad anterior. Escribe al menos cinco preguntas y las respuestas de la persona a la que entrevistaste. Answers will vary.

_____

_____

_____

_____

_____

_____

_____

© by Vista Higher Learning, Inc. All rights reserved.

Lección 3

3.3 The preterite vs. the imperfect

1 **Todo en orden** Completa el texto con el pretérito o el imperfecto del verbo entre paréntesis.

Después de pasar tres días en cama, Miguel (1) ___se levantó___ (levantarse) para ir un rato a la oficina.
(2) ___Quería___ (querer) limpiar un poquito y prepararles el café a los muchachos, pero cuando
(3) ___llegó___ (llegar), (4) ___se encontró___ (encontrarse) con una sorpresa. Andrea
(5) ___pasaba___ (pasar) la aspiradora por las alfombras. Francisco le (6) ___quitaba___ (quitar)
el polvo a los escritorios con un plumero. Daniel (7) ___limpiaba___ (limpiar) las computadoras.
Verónica (8) ___servía___ (servir) el café. Nuria (9) ___hacía___ (hacer) la limpieza del baño.
Y Carlos (10) ___se ocupaba___ (ocuparse) de su oficina. Todos (11) ___se sorprendieron___ (sorprenderse)
cuando (12) ___vieron___ (ver) a Miguel. Rápidamente lo (13) ___enviaron___ (enviar) de nuevo a
la cama. En la oficina, todo (14) ___estaba___ (estar) en orden.

2 **Quehaceres cotidianos** Completa el párrafo con las palabras y expresiones de la lista.

al final	después de (2)	luego	primero
antes	la última vez	mientras (2)	siempre

El señor Gómez (1) ___siempre___ se levantaba a las seis de la mañana. Vivía cerca de la oficina,
pero le gustaba llegar temprano. (2) ___Antes___ de salir de su casa, tomaba un desayuno bien
completo: café con leche, tostadas, queso y fruta. Ya en la oficina, (3) ___primero___ se reunía
con su secretaria para repasar (*go over*) la agenda del día. (4) ___Después de___ repasar la agenda, se
tomaba un café (5) ___mientras___ leía las noticias del día. (6) ___Luego___, el señor Gómez
recibía a los clientes que querían hablar con él. Su rutina cambió mucho (7) ___después de___ jubilarse,
pero (8) ___al final___ se acostumbró a la nueva vida. (9) ___Mientras___ disfruta de su tiempo
libre, recuerda con cariño (10) ___la última vez___ que fue a la oficina.

3 **La vida diaria de alguien famoso** Imagina la vida de una persona famosa. Luego, completa estas
oraciones con información sobre esta persona usando el pretérito o el imperfecto. Answers will vary.

1. Anoche _____

2. Cuando era niño/a _____

3. Durante tres horas _____

4. Esta mañana _____

5. Siempre _____

6. La semana pasada _____

7. Hace diez años _____

8. Nunca _____

Lección 3

© by Vista Higher Learning, Inc. All rights reserved. **Lección 3 Estructura** Activities

4 **Cambios** Imagina que tú vivías en el centro de la ciudad, pero el mes pasado tus padres compraron una casa en las afueras. Completa las oraciones con la forma correcta del pretérito o el imperfecto de los verbos entre paréntesis.

1. (conocer)

   Antes yo no ___conocía___ a ninguno de mis vecinos (*neighbors*).

   Ayer ___conocí___ a todos los vecinos de mi cuadra en una fiesta que organizó una vecina.

2. (querer)

   Antes, si mis amigos y yo ___queríamos___ salir tarde por la noche, lo hacíamos sin preocuparnos por la seguridad.

   El otro día, mis amigos no ___quisieron___ venir a verme porque tenían miedo de volver de noche a su casa.

3. (poder)

   Hace un mes, no ___podía___ dormir porque mi calle era ruidosa.

   Ayer, finalmente ___pude___ dormir como un bebé.

4. (saber)

   Hace un mes, no ___sabía___ que mi vida iba a ser tan diferente.

   Hace poco yo ___supe___ que una amiga también se había ido de la ciudad.

5 **¿Eres el/la mismo/a?** Escribe dos párrafos. En el primero, describe cómo **eras** y lo que **hacías** cuando eras niño/a. En el segundo, describe los sucesos (*events*) más importantes que te ocurrieron el año pasado. Usa al menos seis verbos de la lista en pretérito o en imperfecto, según corresponda. Answers will vary.

acostumbrarse	decidir	pasarlo bien	soler
averiguar	disfrutar	probar	tener
comprar	estar	relajarse	tomar
dar un paseo	leer	ser	vivir

Cuando era niño/a _____

_____

_____

_____

_____

_____

El año pasado _____

_____

_____

_____

_____

_____

Lección 3

   © by Vista Higher Learning, Inc. All rights reserved.

lectura

1 **Antes de leer** ¿Qué costumbres relacionadas con la comida son características de tu cultura?

_____

_____

_____

Los horarios de las comidas

Los horarios del almuerzo varían de país a país. En España, la gente come entre la 1 y las 3 de la tarde (y la palabra *almuerzo* se usa para referirse a un refrigerio que se come a las 11 o las 12). En Argentina, Chile y Colombia, por otro lado, se almuerza generalmente entre las 12 y las 2 de la tarde.

Por lo general, se puede decir que en el mundo hispano las familias se siguen reuniendo para el almuerzo, pues éste es un buen momento para socializar. En muchos países, por ejemplo, los miembros de las familias suelen vivir cerca y se reúnen los fines de semana para almorzar.

• Aunque la costumbre de dormir una breve siesta después del almuerzo se va perdiendo debido a los cambios en los horarios de trabajo, todavía se mantiene con vigor en muchos países, especialmente en pueblos y ciudades pequeñas.

• Un hábito muy común en México consiste en desayunar un café. Aproximadamente a las 11 de la mañana se come una buena ración de tacos. A esta comida se le llama *almuerzo*. La comida principal es entre las 2 y las 4 de la tarde.

• Así como en muchos lugares se consume pan con las comidas, en muchos países existen productos equivalentes. En Venezuela y Colombia, por ejemplo, es común acompañar las comidas con arepas, mientras que en México se acompaña la comida con las tortillas.

2 **Después de leer**

A. Completar Completa estas oraciones con la opción adecuada.

1. En Argentina normalmente se almuerza entre las _____b_____.
   a. tres y las cinco   b. doce y las dos   c. once y las doce

2. El almuerzo en los países latinos es un buen momento para _____b_____.
   a. dormir la siesta   b. socializar   c. trabajar

3. En muchos países hispanos se consumen _____b_____.
   a. distintos tipos de pan   b. otros productos equivalentes al pan   c. tortillas

B. Responder Responde a estas preguntas con oraciones completas. Answers will vary.

1. ¿Se reúne tu familia tan frecuentemente para comer como en los países hispanos?

_____

2. ¿Hay costumbres de los países hispanos que te gustaría incluir en tu rutina? ¿Cuáles?

_____

3. ¿Qué costumbres del mundo hispano no funcionarían en tu país?

_____

Lección 3

© by Vista Higher Learning, Inc. All rights reserved.

composición

Imagina que estás en España con un grupo de estudiantes de tu escuela. Llegaste hace una semana y vas a escribir una carta a tu familia describiendo tu rutina diaria y las actividades que hiciste durante esa primera semana en España.

Preparación

Piensa en las diferencias de la vida diaria de un estudiante en España y de un estudiante en tu país. Luego, haz una lista de las costumbres de tu país y otra lista de las costumbres y formas de vida españolas. Piensa en los horarios de las comidas, las visitas a amigos, las compras, los lugares que frecuentaste, etc.

Las costumbres de mi país	Las costumbres de España

Composición

Escribe una carta a tu familia contando tu experiencia en España. Continúa tu composición en una hoja aparte.

- Describe cómo es un día típico en España. Incluye horarios y diferencias culturales.
- Explica las diferencias culturales entre tu país y España.
- Termina con un saludo. Answers will vary.

_____

_____

_____

_____

_____

_____

_____

_____

_____

_____

_____

_____

_____

_____

© by Vista Higher Learning, Inc. All rights reserved.

contextos

1 **Completa** Escribe la palabra que corresponde a cada definición.

1. sinónimo de ponerse bien: <u>recuperarse</u>

2. persona que opera en un hospital: <u>cirujano</u>

3. lo contrario de adelgazar: <u>engordar</u>

4. muy cansada: <u>agotada</u>

5. se pone en un hueso roto: <u>yeso</u>

6. pastilla para el dolor fuerte: <u>analgésico</u>

7. quedarse despierto hasta muy tarde en la noche: <u>trasnochar</u>

8. medicina líquida: <u>jarabe</u>

2 **La intrusa** Elige la expresión o la palabra que no pertenece al grupo.

1. curarse   ponerse bien   recuperarse   (empeorar)

2. inflamado   mareado   resfriado   (sano)

3. la gripe   (la vacuna)   el virus   la enfermedad

4. la autoestima el bienestar   la salud   (la cirugía)

5. el resfriado   (el tratamiento) la gripe   la tos

6. (el yeso)   la aspirina   el jarabe   el calmante

7. contagiarse   enfermarse   empeorar   (curativo)

8. estar a dieta (toser)   adelgazar   engordar

3 **¿Quién lo dice?** Lee los comentarios que una paciente escuchó mientras estaba en el hospital. Luego indica quién dijo cada uno.

<u>d</u> 1. ¿Cuándo me va a quitar el yeso, doctora?   a. un niño que acaba de desmayarse

<u>c</u> 2. Con este jarabe para la tos, me voy a poner bien. b. una enfermera

<u>f</u> 3. ¡Este dolor no se me va ni con aspirinas!   c. una niña que tose mucho

<u>e</u> 4. ¡La temperatura está muy alta!   d. un paciente con una pierna rota

<u>a</u> 5. Mamá, ¿dónde estoy? ¿Qué pasó?   e. una mujer con fiebre

<u>b</u> 6. Le voy a poner una vacuna.   f. un chico con dolor de cabeza

Lección 4

4 **En el hospital** Escribe oraciones usando en cada una dos palabras de la lista que estén relacionadas. Sigue el modelo. Puedes repetir palabras. Answers will vary.

cirujano	jarabe	sala de operaciones
consultorio	operación	tos
herida	receta	venda
inyección	resfriado	virus

1. El **cirujano** trabaja en la **sala de operaciones**. _____

2. _____

3. _____

4. _____

5. _____

6. _____

5 **Clasificar** Clasifica las palabras de la lista en la categoría apropiada. Luego, escribe cuatro oraciones usando en cada una por lo menos dos palabras de la lista. 1 to 4 answers will vary.

desmayarse	el resfriado	permanecer en cama
el calmante	estar a dieta	toser
el cáncer	la aspirina	tener fiebre
el jarabe	la gripe	tomar pastillas

Medicamentos	Tratamientos	Enfermedades	Síntomas
la aspirina	permanecer en cama	el cáncer	desmayarse
el jarabe	tomar pastillas	la gripe	tener fiebre
el calmante	estar a dieta	el resfriado	toser

1. _____

2. _____

3. _____

4. _____

© by Vista Higher Learning, Inc. All rights reserved.

estructura

4.1 The subjunctive in noun clauses

1 **Enfermo del corazón** Completa la conversación de Gustavo con su médico con la forma adecuada del subjuntivo.

MÉDICO Buenas tardes. ¿Cómo está usted?

GUSTAVO Buenas tardes, doctor. Es urgente que me (1) _____ayude_____ (ayudar). Es posible que (2) _____esté_____ (estar) muy enfermo.

MÉDICO No creo que (3) _____sea_____ (ser) tan grave. ¿Qué le sucede?

GUSTAVO No puedo dormir. No puedo comer. No puedo estudiar. No puedo trabajar.

MÉDICO Es necesario que me (4) _____dé_____ (dar) más información. ¿Tiene fiebre, dolores físicos, tos? ¿Está resfriado? ¿Se ha desmayado?

GUSTAVO No, nada de eso, pero no quiero que mis amigos me (5) _____inviten_____ (invitar) a salir; no me gusta que mi padre me (6) _____diga_____ (decir) lo que tengo que hacer; me molesta que mis profesores me (7) _____pidan_____ (pedir) tareas. Sólo quiero que Pilar (8) _____venga_____ (venir) a verme, que me (9) _____hable_____ (hablar), que me (10) _____mire_____ (mirar), que me...

MÉDICO ¡Interesante! ¿Y Pilar le habla, lo mira y quiere pasar tiempo con usted?

GUSTAVO No, ése es el problema.

MÉDICO Bueno, entonces le sugiero que (11) _____se quede_____ (quedarse) tranquilo. Y le aconsejo que le (12) _____explique_____ (explicar) a Pilar lo que usted siente. También le recomiendo que pida una cita con un psicólogo de la clínica.

2 **Consejos** Vuelve a leer la actividad anterior y luego completa estas oraciones usando el presente de subjuntivo. Answers will vary.

1. Dudo que Gustavo _____

2. No creo que el doctor _____

3. Es probable que Gustavo _____

4. Ojalá que Pilar _____

5. Temo que Pilar _____

6. Es posible que Gustavo _____

7. Es necesario que Pilar _____

8. Deseo que Gustavo y Pilar _____

© by Vista Higher Learning, Inc. All rights reserved. **Lección 4 Estructura** Activities | **33**

Lección 4

3 **¿Qué recomienda el doctor?** Completa las recomendaciones que el doctor Perales les da a sus pacientes con las palabras entre paréntesis. Usa la forma adecuada del verbo.

¿Qué le dijo el doctor...	Recomendaciones
1. al paciente que tiene un yeso en la pierna?	Insisto en que no (apoyar / la pierna) __apoye la pierna__ durante 48 horas. No quiero que (romperse / el yeso) __se rompa el yeso__.
2. al paciente que tiene tos?	Debe dejar de fumar si desea que (mejorar / su salud) __mejore su salud__.
3. a la mujer que tiene el brazo lastimado?	Le recomiendo que (cambiar / la venda) __cambie la venda__ tres veces al día. Espero que no (inflamarse / la herida) __se inflame la herida__.
4. a la niña que tiene tos?	Te sugiero que (tomar / este jarabe) __tomes este jarabe__ si quieres que (curarse / la tos) __se cure la tos__.
5. al paciente que está resfriado?	Es importante que (quedarse / en casa) __se quede en casa__. Tengo miedo que (contagiar / a otras personas) __contagie a otras personas__.
6. a la madre de un niño pequeño?	Es necesario que (vacunar / a su hijo) __vacune a su hijo__.

4 **La paciente impaciente** Completa la conversación con el presente del indicativo o el presente del subjuntivo de los verbos entre paréntesis.

PACIENTE Buenos días, (1) ____deseo____ (desear) que el doctor González me (2) ____examine____ (examinar).

RECEPCIONISTA Buenos días, señora. Lo siento, pero el doctor González no (3) ____atiende____ (atender) hoy. ¿La (4) ____puede____ (poder) atender otro doctor?

PACIENTE (5) ____Quiero____ (querer) que me (6) ____atienda____ (atender) el doctor González. No veré a otro doctor.

RECEPCIONISTA Y yo le (7) ____recomiendo____ (recomendar) que (8) ____vea____ (ver) a otro doctor porque el doctor González no (9) ____viene____ (venir) hoy.

PACIENTE (10) ____Exijo____ (exigir) que le (11) ____diga____ (decir) al doctor González que necesito verlo.

RECEPCIONISTA ¡El doctor González no (12) ____viene____ (venir) hoy!

PACIENTE ¡Dudo que el doctor González no (13) ____venga____ (venir) hoy! Creo que este consultorio (14) ____es____ (ser) bueno. ¡Pero no estoy segura de que los empleados (15) ____sean____ (ser) competentes! ¡Quiero que (16) ____llame____ (llamar) a su supervisor inmediatamente!

© by Vista Higher Learning, Inc. All rights reserved.

4.2 Commands

1 **El doctor Arriola** El doctor Arriola les dice a sus pacientes lo que tienen que hacer. Escribe mandatos formales (**usted**) usando las notas del doctor.

José tiene gripe.

1. tomarse / temperatura Tómese la temperatura.
2. acostarse Acuéstese.
3. prepararse / sopa de pollo Prepárese sopa de pollo.
4. beber / té con miel Beba té con miel.

Ignacio tiene la garganta inflamada.

5. descansar Descanse.
6. no hablar / mucho No hable mucho.
7. tomar / las pastillas Tome las pastillas.
8. consumir / líquidos en abundancia Consuma líquidos en abundancia.

2 **El asistente del doctor Arriola** Completa los consejos que el doctor Arriola le da a su asistente usando mandatos formales.

1. A los fumadores puedes decirles: "_____ No fumen _____".

   (no fumar)

2. A los pacientes con dolor de cabeza puedes decirles: "Tomen aspirinas _____".

   (tomar / aspirinas)

3. A los pacientes con problemas de peso puedes decirles: "Vayan al gimanasio _____".

   (ir / al gimnasio)

4. A los deprimidos puedes decirles: "Hagan actividades para levantar el ánimo. _____".

   (hacer / actividades para levantar el ánimo)

5. A los que tienen demasiado estrés puedes decirles: "Descansen _____".

   (descansar)

6. A los niños impacientes puedes decirles: "Jueguen con estos juguetes. _____".

   (jugar / con estos juguetes)

© by Vista Higher Learning, Inc. All rights reserved. **Lección 4 Estructura** Activities **35**

3 **Remedios caseros** Hay personas que creen que las enfermedades pueden curarse sin ir al médico. Lee estos textos sobre creencias populares y escribe una lista de consejos usando mandatos informales con los verbos subrayados.

A. "Los resfriados pueden curarse <u>respirando</u> el vapor de agua con sal. Los resfriados también pueden curarse <u>tomando</u> té con limón y miel. Cuando estamos resfriados, debemos <u>abrigarnos</u> bien."

1. *Respira el vapor de agua con sal.*

2. *Toma té con limón y miel.*

3. *Abrígate bien.*

B. "Cuando hay una herida, primero se <u>lava</u> con agua y jabón. Debe <u>ponerse</u> una venda tapando bien la herida. <u>No</u> hay que <u>tocarse</u> la herida porque se puede infectar."

4. *Lava la herida con agua y jabón.*

5. *Ponte una venda tapando bien la herida.*

6. *No te toques la herida.*

C. "La falta de sueño se debe a una preocupación. Por eso hay que <u>olvidarse</u> de las angustias. Una taza de leche caliente es un buen remedio. <u>Eliminar</u> el café por completo es una buena idea."

7. *Olvídate de las angustias.*

8. *Elimina el café por completo.*

4 **Consejos sanos** Tus amigos/as y tú quieren mejorar su salud y mantenerse sanos/as. Escribe diez consejos o recomendaciones usando mandatos con **nosotros**. Puedes escribir consejos sobre temas como la comida, el cuidado de los dientes, la actividad física, las heridas, etc. Answers will vary.

1. *Salgamos a caminar después de la escuela.*

2. _____

3. _____

4. _____

5. _____

6. _____

7. _____

8. _____

9. _____

10. _____

     © by Vista Higher Learning, Inc. All rights reserved.

4.3 *Por* and *para*

1 **En el consultorio** Completa la conversación con **por** o **para**.

PACIENTE Doctor, tengo un malestar general: tengo mucha tos, tengo fiebre y (1) ___para___ colmo me siento agotado.

DOCTOR (2) ___Por___ lo visto, tiene usted gripe. (3) ¿___Por___ cuánto tiempo ha tenido (*have you had*) estos síntomas?

PACIENTE (4) ___Por___ lo menos (5) ___por___ una semana.

DOCTOR Aquí tiene una receta. Éstas son unas pastillas (6) ___para___ la fiebre. Este jarabe es (7) ___para___ la tos. Tómelo (8) ___por___ la mañana y (9) ___por___ la noche.

PACIENTE Gracias, doctor. Voy inmediatamente a la farmacia (10) ___por___ mis medicinas.

2 **Síntomas y tratamientos** Escribe cuatro oraciones usando elementos de las tres columnas. Answers will vary.

el calmante		adelgazar
el jarabe	por	dolor
estar a dieta	para	la salud
estar mareado		la tensión baja
tratamiento		la tos

1. _____
2. _____
3. _____
4. _____

3 **Por y para** Elige el significado correcto de cada oración.

1. Camino por el hospital. ___a___
   a. Camino por los pasillos del hospital.   b. Camino en dirección al hospital.

2. Compré las medicinas por mi madre. ___b___
   a. Mi madre va a tomar las medicinas.   b. Compré las medicinas porque mi madre no pudo comprarlas.

3. Para mí, lo que tienes es un resfriado. ___a___
   a. En mi opinión, tienes un resfriado.   b. Al igual que yo, tienes un resfriado.

4. El doctor fue por unas pastillas para el paciente. ___a___
   a. El doctor fue a buscar unas pastillas para el paciente.   b. El doctor le recetó unas pastillas al paciente.

Lección 4

Lección 4

4

Completar Completa las frases para formar oraciones lógicas. Answers will vary.

1. Hice una llamada al consultorio por _____.

2. Hice una llamada al consultorio para _____.

3. Compré estas pastillas por _____.

4. Compré estas pastillas para _____.

5. Toma (tú) este jarabe por _____.

6. Toma (tú) este jarabe para _____.

7. El enfermero fue por _____.

8. El enfermero fue para _____.

5

Julieta recibe una carta de sus padres Completa la carta con las expresiones que necesites de la lista.

por	por aquí	por mucho
para colmo	por casualidad	por primera vez
para que sepas	por eso	por si acaso
por allá	por más que	por supuesto

Querida Julieta:

(1) _____Por aquí_____ está todo bien y esperamos que (2) _____por allá_____ también

lo esté. (3) _____Por más que_____ lo pensemos y lo conversemos, tu padre y yo seguimos

descontentos con tu viaje. (4) _____Por primera vez_____ en nuestras vidas estamos muy preocupados

porque creemos que eres muy joven para estar sola tan lejos, y especialmente con tus problemas de

salud. (5) _____Para colmo_____, ahora aparece ese muchachito en Madrid. ¿Acaso ese joven no

vive en Barcelona? ¿Qué hace ahora en Madrid? (6) _____Por supuesto_____ que confiamos en ti.

Pero, (7) _____por si acaso_____, queremos que estés atenta. (8)_____Para que sepas_____, tu prima

Merceditas salía con un chico muy bueno y muy simpático, pero que resultó ser un ladrón muy

buscado por la policía. Ella cayó en una depresión. (9) _____Por eso_____, Julietita querida, te

pedimos que tengas mucho cuidado. ¡No seas tan confiada! Un beso de papá y mamá que te quieren

mucho y se preocupan (10) _____por_____ tu bienestar.

 © by Vista Higher Learning, Inc. All rights reserved.

lectura

1 **Antes de leer** ¿Te gusta el chocolate? ¿Qué tipo de chocolate prefieres? ¿Conoces su origen?
Answers will vary.

_____

_____

_____

La historia del chocolate

¿Sabías que el cacao y el chocolate eran desconocidos en Europa hasta la llegada de los españoles a América?

Hoy, el chocolate es una de las delicias más apreciadas por adultos y niños de todo el mundo. El árbol del cacao, originario de las zonas tropicales de Hispanoamérica, se cultiva en México, Venezuela, Ecuador y Colombia.

Existen varias leyendas indígenas sobre el origen divino de este popular alimento. La más famosa cuenta que Quetzalcóatl, dios azteca del viento, le regaló semillas° del árbol del cacao a los hombres y, de esa forma, este arbusto° creció sobre la tierra. Debido a su origen divino, existía entre los aztecas la creencia de que su consumo daba poder y sabiduría°.

La historia del chocolate es muy curiosa. Durante su cuarto viaje, Cristóbal Colón se encontró en la costa de Yucatán con una embarcación° indígena que transportaba unas semillas que eran utilizadas como monedas. Estas semillas también eran el ingrediente principal de una misteriosa bebida sagrada, el "tchocolath". Años después, el conquistador Hernán Cortés fue el primero en probar la "bebida de los dioses" en la corte° azteca del emperador Moctezuma. La preparaban mezclando el cacao con maíz, vainilla, miel y canela°.

De vuelta a España, Cortés elogió las cualidades de la nueva bebida. Sin embargo, ésta no fue bien recibida por su sabor amargo°. Los primeros granos de cacao llegaron al Monasterio de Zaragoza en 1522, junto con la receta para preparar el chocolate. Sólo cuando se le añadió azúcar de caña empezó su rápida propagación dentro del continente europeo.

semillas *seeds* **arbusto** *bush* **sabiduría** *wisdom* **embarcación** *vessel* **corte** *court* **canela** *cinnamon* **amargo** *bitter*

2 **Después de leer** Responde estas preguntas con oraciones completas. Answers will vary slightly.

1. ¿Dónde se cultiva el árbol del cacao en Hispanoamérica?

   Se cultiva en México, Venezuela, Ecuador y Colombia.

2. ¿Qué cuenta la leyenda indígena de Quetzalcóatl?

   El dios azteca del viento, Quetzalcóatl, les regaló semillas de cacao a los hombres y de esa manera el árbol creció en la tierra. Se creía que su consumo daba poder y sabiduría.

3. ¿Para qué se utilizaron las semillas de cacao originalmente?

   Se utilizaron como monedas.

4. ¿Qué ingredientes tenía la "bebida de los dioses"?

   Cacao, maíz, vainilla, miel y canela.

5. En 1522, llegaron los primeros granos de cacao a España. ¿Adónde llegaron concretamente?

   Llegaron al Monasterio de Zaragoza.

6. ¿Por qué no fue bien recibida la bebida de cacao al principio?

   No fue bien recibida por su sabor amargo.

© by Vista Higher Learning, Inc. All rights reserved.   **Lección 4 Lectura** Activities

composición

Imagina que un(a) amigo/a quiere ponerse en forma y ha decidido no comer más dulces. Ayuda a tu amigo/a a crear una dieta para mejorar su alimentación y dale consejos para tener una vida más sana.

Preparación

Escribe una lista de los alimentos que debe y que no debe comer, y de las actividades que van a ayudarle a mejorar su salud.

Cosas que debe comer	Cosas que no debe comer	Cosas que debe hacer

Composición

Escribe una dieta detallada para un día completo. Continúa en una hoja aparte.

- Describe las comidas de un día, incluyendo desayuno, almuerzo y cena.

- Escribe también las actividades que tu amigo/a puede hacer para estar en forma e inclúyelas en su horario.

- Escribe otros consejos generales que debe seguir para llevar una vida más sana. Answers will vary.

_____

_____

_____

_____

_____

_____

_____

_____

_____

_____

   © by Vista Higher Learning, Inc. All rights reserved.

contextos

1 **La intrusa** Indica la palabra o expresión que no pertenece al grupo.

1. el accidente   el congestionamiento   el tránsito   (la despedida)

2. el auxiliar de vuelo   (el guía turístico)   el piloto   el agente de aduanas

3. (el itinerario)   el crucero   el buceo   la isla

4. la llegada   la salida   el destino   (el viajero)

5. la excursión   la aventura   (la temporada alta)   el ecoturismo

6. el alojamiento   (el seguro)   el albergue   la habitación

7. las olas   navegar   (la recepción)   el puerto

8. la brújula   el campamento   la excursión   (el aviso)

9. quedarse   alojarse   (perder el vuelo)   estar lleno

10. el pasaporte   (las olas)   el seguro   el pasaje

2 **El aeropuerto internacional** Lee las descripciones de situaciones que ocurren en un aeropuerto internacional e indica con el número apropiado qué comentario corresponde a cada una.

1. Un hombre con una maleta está tratando de comprar un pasaje, pero el empleado de la aerolínea le está explicando que ya no quedan más asientos disponibles.

2. Una pareja con maletas está en la puerta de embarque. El hombre le habla a la empleada.

3. Un joven llega al aeropuerto con una hora de retraso y el empleado le da la mala noticia.

4. El empleado de una aerolínea habla con un viajero que tiene el pasaporte vencido.

5. Dos azafatas esperan a los pasajeros en la zona de embarque.

6. Una empleada de la oficina de informes está hablando por un micrófono para avisar que el avión saldrá dos horas más tarde.

  2   a. "Tengo dos pasajes reservados para San José".

  4   b. "Para volar necesita tener el pasaporte vigente".

  1   c. "Lo siento señor, el vuelo está lleno".

  6   d. "El vuelo con destino a la Ciudad de Panamá está retrasado".

  5   e. "¡Atención, señores! Los pasajeros del vuelo 508 con destino a La Paz ya pueden embarcar".

  3   f. "Me temo que ha perdido su vuelo".

3   **Mi viaje** Isabel acaba de llegar de su primer viaje sola y, ahora, habla con su madre. Completa la conversación con palabras de la lista.

albergue	guía turístico	incluido	ruinas
excursión	habitación individual	isla	viajeros

MADRE   1) ¿Dónde te quedaste la primera noche?

ISABEL   En un (1) _____albergue_____.

MADRE   ¿No estaba lleno?

ISABEL   No, yo había reservado una (2) ____habitación individual____ con desayuno (3) ____incluido____.

MADRE   ¿Conociste a mucha gente?

ISABEL   Sí, conocí a otros (4) ____viajeros____ de muchos países.

MADRE   ¿Conociste muchos lugares?

ISABEL   Nos reunimos con un (5) ____guía turístico____ e hicimos una (6) ____excursión____ a una (7) ____isla____ y también a unas (8) ____ruinas____.

MADRE   ¡Qué bueno! ¿No tuviste ningún problema?

ISABEL   Ahora que lo pienso, ¡me falta una maleta!

4   **¡Qué aventura!** Amanda está en Costa Rica con su familia. Imagina el lugar y escribe un mensaje de correo electrónico que esta adolescente le escribió a su mejor amiga contándole las aventuras de su viaje. Usa al menos diez palabras de la lista. Answers will vary.

albergue	cancelar	incluido	recorrer
bienvenida	frontera	peligroso	selva
brújula	guía turístico	quedarse	temporada alta

De: amandadeviaje@micorreo.com

Para: luisa@micorreo.com

Asunto: ¡Costa Rica!

Querida Luisa:

¿Cómo estás? Ay, yo estoy súper contenta aquí en...

_____

_____

_____

_____

_____

© by Vista Higher Learning, Inc. All rights reserved.

Lección 5

estructura

5.1 Comparatives and superlatives

1 **Comparaciones** Elige la opción que tenga el mismo significado que la oración original.

_b_ 1. Tu pasaje costó 400 dólares y el mío sólo 250 dólares.

   a. Tu pasaje es tan caro como el mío.

   b. Tu pasaje es más caro que el mío.

_b_ 2. ¡Tu vuelo llegó con cinco horas de retraso! El mío llegó a tiempo.

   a. Mi vuelo llegó retrasadísimo.

   b. Tu vuelo no fue tan puntual como el mío.

_a_ 3. Me gusta esta aerolínea, pero la comida de Aerolíneas Argentinas es mucho más rica.

   a. El servicio de comida de Aerolíneas Argentinas es mejor que el servicio de comida de
      esta compañía aérea.

   b. El servicio de comida de esta aerolínea es tan bueno como el de Aerolíneas Argentinas.

_b_ 4. En temporada alta los pasajeros pagan más por sus viajes.

   a. Viajar en temporada alta es tan caro como viajar en temporada baja.

   b. Viajar en temporada alta es más caro que viajar en temporada baja.

_b_ 5. Esta auxiliar de vuelo (*flight attendant*) habla inglés y español. Aquélla sabe inglés,
   español e italiano.

   a. Esta auxiliar de vuelo habla tantos idiomas como aquella otra.

   b. Esta auxiliar de vuelo habla menos idiomas que aquella otra.

2 **Un mensaje de Manuela** Manuela está de viaje con la escuela y acaba de llegar a Cartago. Lee el
correo electrónico que Manuela les escribe a sus padres y complétalo con **más/menos** o **tan/tanto/a(s)**.

De:	manuela@micorreo.com
Para:	lamadre@micorreo.com
Asunto:	Llegué a Cartago.

Queridos padres:

Ya estoy en Cartago. Estoy alojada en el Hostal Internacional. Este albergue es (1) ___tan___
elegante como el de San José, pero desgraciadamente yo estoy (2) ___menos___ contenta
aquí que allá. Aquí hay (3) ___tantas___ habitaciones como en el Hostal Central de San José,
pero hay (4) ___menos___ comodidades que allá. La habitación es (5) ___tan___ grande
como la de San José. Pero la cama es (6) ___menos___ cómoda y el servicio de habitación es
(7) ___menos___ frecuente que en el Hostal Central. En San José, donde todo funciona bien,
el ascensor es (8) ___más___ rápido y el salón es (9) ___más___ cómodo que aquí. El
desayuno es (10) ___tan___ rico como en San José, pero los meseros y los recepcionistas
te ayudan y son (11) ___más___ amables allá. Mañana nos vamos. Ya les contaré cómo es
el nuevo albergue.

Un beso grande,

Manuela

© by Vista Higher Learning, Inc. All rights reserved.

Lección 5 Estructura Activities   **43**

3 **Un viaje juntos** Camila y Marcos hablan sobre los detalles finales del viaje que harán juntos. Elige la opción correcta para completar cada oración.

1. Éste es el mejor hotel (de / que) __de__ todos los que he visto.

2. El alquiler del carro cuesta menos (de / que) __de__ trescientos cincuenta dólares.

3. La excursión a las ruinas cuesta menos (de / que) __que__ la excursión a la selva.

4. Este crucero es más barato (de / que) __que__ el otro.

5. El vuelo dura más (de / que) __de__ tres horas.

6. Es mejor viajar con menos (de / que) __de__ tres maletas.

7. Podemos quedarnos más (de / que) __de__ cinco días en la isla.

8. Este viaje es mucho mejor (de / que) __que__ el que hicimos el año pasado.

4 **Más, menos, tan...** Lee los grupos de oraciones. Después, escribe una oración comparativa o superlativa para cada uno. Sigue el modelo. Answers will vary. Sample answers:

> **modelo**
> El autobús cuesta dos pesos. El taxi cuesta diez pesos.
> *El autobús es más barato que el taxi. / El taxi es más caro que el autobús.*

1. El hotel de Lima es bueno. El hotel de Quito es muy bueno.

   El hotel de Lima es peor que el de Quito. / El hotel de Quito es mejor que el de Lima.

2. Sara lo pasó muy bien en Valparaíso. Susana lo pasó muy bien en Valparaíso.

   Sara lo pasó tan bien como Susana en Valparaíso.

3. La habitación 604 es grande. La habitación 608 es muy grande.

   La habitación 604 es más pequeña que la habitación 608. / La habitación 608 es más grande que la habitación 604.

4. César sabe inglés, francés y alemán. Luis sabe francés, griego e italiano.

   César sabe tantos idiomas como Luis.

5. Francisco tiene dos maletas. Emilia tiene cuatro maletas.

   Francisco tiene menos maletas que Emilia. / Emilia tiene más maletas que Francisco.

6. Mi vuelo sale a las 2 del mediodía. Tu vuelo sale a las 5 del mediodía.

   Mi vuelo sale más temprano que el tuyo. / Tu vuelo sale más tarde que el mío.

7. El auto es lento. El tren es rápido. El avión es muy rápido.

   El avión es el más rápido.

8. Un pasaje a Caracas cuesta mil pesos. Un pasaje a París cuesta dos mil quinientos pesos. ¡Un pasaje a El Cairo cuesta ocho mil pesos!

   ¡Un pasaje a El Cairo es carísimo!

Lección 5

 © by Vista Higher Learning, Inc. All rights reserved.

5.2 Negative, affirmative, and indefinite expressions

1 **Los viajeros** Escribe la letra de la opción que tenga el mismo significado que la oración dada.

___a___ 1. Ni me gustan los aviones ni los cruceros.
    a. No me gusta volar y tampoco me gustan los cruceros.
    b. No me gusta viajar en avión, pero me gustan los cruceros.

___b___ 2. Raquel ha estado en Panamá y Daniel también.
    a. Ninguno de los dos ha visitado Panamá.
    b. Raquel y Daniel han visitado Panamá.

___b___ 3. Generalmente, en mis viajes, o alquilo un carro o una motocicleta.
    a. Ni alquilo un carro ni una motocicleta en mis viajes.
    b. Generalmente, alquilo algún medio de transporte en mis viajes.

___b___ 4. Cuando visito un lugar nuevo siempre hago amigos.
    a. Nunca conozco a nadie cuando viajo.
    b. Conozco a mucha gente en mis viajes.

2 **Aventuras y desventuras** Completa estas oraciones con la opción correcta.

1. Los turistas no están buscando ___ninguna___ (alguna/ninguna) aventura.

2. Los turistas no conocen bien la isla y el guía ___tampoco___ (tampoco/también).

3. El guía turístico ___ni/no___ (ni/no) encontró el campamento ___ni___ (ni/no) las ruinas.

4. ___Algunos___ (algunos/ningún) turistas quieren regresar a la ciudad.

3 **Viajes** Completa esta conversación entre Juliana y Andrés con las palabras de la lista. Hay dos palabras que se repiten.

algo	jamás	ni siquiera
algún	nada	nunca
alguna	nadie	siempre
algunas	ni	tampoco

JULIANA Andrés, ¿has viajado (1) ___alguna___ vez a Centroamérica?

ANDRÉS No, (2) ___nunca___, pero me gustaría ir (3) ___algún___ día.
(4) ___Siempre___ que hay (5) ___alguna___ conferencia, yo estoy ocupado con el trabajo o tengo (6) ___algo___ que hacer.

JULIANA ¿De veras? ¿No has estado (7) ___ni___ en Panamá (8) ___ni___ en Costa Rica? Entonces, ¿(9) ___tampoco___ fuiste a la conferencia de Managua el año pasado?

ANDRÉS No, ya te dije que (10) ___jamás___ he viajado a Centroamérica. ¿Es que no me escuchas?

JULIANA ¡Pobre Andrés! ¡No te imaginas lo que te pierdes! (11) ___Ni siquiera___ sabemos el destino de este año, ¡y ya hay (12) ___algunas___ personas interesadas en ir en la oficina! ¿Puedes creerlo?

ANDRÉS ¿En serio? No he oído (13) ___nada___. Pues, si yo no voy este año, no va (14) ___nadie___.

4 **El quejica** Imagina que viajas en avión y conversas con tu compañero de asiento, Marcos, a quien nada le viene bien. Escribe sus quejas y comentarios, haciendo todos los cambios necesarios. Utiliza las expresiones **o... o...**, **ni... ni...** y **ni siquiera**. Sigue el modelo. Answers will vary. Sample answers:

> **modelo**
>
> Denme un asiento de ventanilla. Si no me lo dan, me voy a quejar al piloto.
> *O me dan un asiento de ventanilla o me voy a quejar al piloto.*

1. No me trajeron café. No me trajeron té. No me trajeron agua.
   Ni me trajeron café ni té. Ni siquiera me trajeron agua.

2. No pude traer todas las maletas. No pude vestirme bien.
   Ni pude traer todas las maletas, ni pude vestirme bien.

3. Quiero una almohada más firme. De lo contrario, quiero dos almohadas.
   Quiero o una almohada más firme o quiero dos almohadas.

4. Hoy me siento enfermo. No puedo dormir. No puedo hablar. No puedo moverme.
   Hoy me siento enfermo. Ni puedo dormir, ni puedo hablar. Ni siquiera puedo moverme.

5. No quiero escuchar música. No quiero ver tantas luces.
   Ni quiero escuchar música, ni ver tantas luces.

6. Me ofrecen agua. Me ofrecen café. Yo quiero jugos naturales.
   O me ofrecen agua o me ofrecen café, y yo quiero jugos naturales.

5 **Preguntas** Contesta estas preguntas personales con las expresiones de la lista. Answers will vary.

alguien/algún	ni... ni...	nunca	siempre
nadie	ni siquiera	o... o...	también

1. ¿Qué te interesa más: un destino exótico o un viaje cultural?

   _____

2. ¿Compras *souvenirs* cuando visitas lugares turísticos?

   _____

3. ¿Visitarás España y Guatemala el próximo semestre?

   _____

4. ¿Te gustan las grandes ciudades o prefieres la vida en el campo?

   _____

5. ¿Qué ciudad te parece más tranquila: Nueva York o Los Ángeles?

   _____

6. ¿Hablas francés, alemán y ruso?

   _____

7. ¿Prefieres viajar en avión, en tren o en auto?

   _____

8. ¿Te interesa conocer a personas de otras culturas o prefieres relacionarte sólo con personas de tu propia cultura?

   _____

© by Vista Higher Learning, Inc. All rights reserved.

5.3 The subjunctive in adjective clauses

1 **En la agencia de viajes** Cristian y un amigo están planeando un viaje. Completa estas oraciones con la opción adecuada para saber qué tipo de viaje quieren.

1. Buscamos un viaje que _____tenga_____ (tiene / tenga) aventuras.

2. Sabemos de unos destinos que _____son_____ (son / sean) exóticos.

3. Preferimos un hotel que no _____sea_____ (es / sea) muy caro.

4. Nos recomendaron unos lugares que _____ofrecen_____ (ofrecen / ofrezcan) ecoturismo.

5. ¿Nos conviene un paquete de vacaciones que _____incluya_____ (incluye / incluya) seguro?

6. Mi amigo quiere visitar un lugar que _____sea_____ (es / sea) tranquilo y relajante.

7. Yo prefiero un lugar que _____tenga_____ (tiene / tenga) muchas actividades que hacer.

8. Conozco un programa que _____ofrece_____ (ofrece / ofrezca) un poco de todo.

2 **Se busca** Completa este anuncio que apareció en un periódico de San Salvador. Usa la forma adecuada del subjuntivo o el indicativo de los verbos entre paréntesis, según corresponda.

> Se busca un guía turístico que (1) _____hable_____
> (hablar) inglés, que (2) _____conozca_____ (conocer)
> bien el país y que (3) _____tenga_____ (tener)
> experiencia en el campo del ecoturismo.
> Si tú (4) _____eres_____ (ser) una persona que
> (5) _____posee_____ (poseer) estas características
> y te (6) _____gusta_____ (gustar) la aventura,
> ponte en contacto con nosotros.
>
> Ecotour
> Avenida Colón, 56
> San Salvador
> www.ecotour.com.sv

3 **Posible candidata** José leyó el anuncio de la agencia de viajes de la actividad anterior y pensó en su prima Natalia, que vive en San Salvador. Completa los comentarios que José hace sobre su prima con los verbos de la lista.

conocer	requerir
interesar	ser
querer	tener

Sé que mi prima está buscando un trabajo que no (1) _____requiera_____ mucha experiencia, pero que (2) _____sea_____ interesante y seguro. Creo que Natalia no (3) _____conoce_____ muy bien el mundo del ecoturismo, pero no hay nadie en nuestra familia que no (4) _____tenga_____ ganas de aprender. ¡Espero que le (5) _____interese_____!

© by Vista Higher Learning, Inc. All rights reserved.

4   **De viaje** Forma oraciones combinando estos elementos. Usa el indicativo o el subjuntivo según corresponda y haz los cambios necesarios.

1. Yo / buscar / viaje / ser / económico
   Yo busco un viaje que sea económico.

2. Los turistas / necesitar / hoteles / no estar llenos
   Los turistas necesitan hoteles que no estén llenos.

3. La guía / conocer / lugares en la selva / no ser peligrosos
   La guía conoce lugares en la selva que no son peligrosos.

4. Nosotros / querer / vuelo / tener / seguro
   Nosotros queremos un vuelo que tenga seguro.

5. El hotel / no tener / ninguna habitación / ser doble
   El hotel no tiene ninguna habitación que sea doble.

6. El aventurero / conocer / lugares / ser peligrosos
   El aventurero conoce lugares que son peligrosos.

5   **Tu viaje ideal** Completa estas oraciones describiendo cómo sería tu viaje ideal. Usa el subjuntivo.
Answers will vary.

1. Busco una agencia de viajes que _____.

2. Necesito un boleto de avión que _____.

3. Los turistas que _____ necesitan ponerse una vacuna.

4. Es importante que alguien _____.

5. No quiero que nadie _____.

6. Los viajeros que _____ deben reservar por teléfono.

6   **Hotel completo** Acabas de llegar a Managua, la capital de Nicaragua, y descubres que el hotel que habías reservado está lleno. El recepcionista ofrece buscarte otro hotel. Escribe una conversación en la que le explicas qué tipo de alojamiento buscas. Usa al menos seis palabras de la lista. Answers will vary.

buscar	hotel	preferir
conocer	necesitar	recepción
habitación individual	peligroso	servicio de habitación

_____

_____

_____

_____

_____

_____

_____

   © by Vista Higher Learning, Inc. All rights reserved.

Lección 5

lectura

1 **Antes de leer** ¿Qué te gusta hacer en las vacaciones? ¿Te gustan las vacaciones en contacto con la naturaleza? Answers will vary. _____

_____

_____

Ecoturismo en el Amazonas

El río Amazonas, que nace en el Perú, pasa por Colombia y Brasil, y desemboca° en el Atlántico, tiene 6.275 kilómetros de longitud. Este río encuentra a su paso casi seiscientas islas. En este territorio selvático, llamado Amazonia, viven muchas comunidades indígenas.

La selva virgen amazónica es un importante destino para los ecoturistas. El turismo ecológico permite conocer, aprender a respetar y, en consecuencia, proteger los recursos naturales de nuestro planeta. El contacto con las comunidades indígenas contribuye a su desarrollo° económico, sin violar su entorno° ni destruir su cultura tradicional.

Hay muchas empresas que organizan viajes de ecoturismo. Puedes hacer una excursión sencilla a uno de los extraordinarios parques nacionales, o pasear por la selva para observar las plantas medicinales y la fauna. Además, puedes pescar, participar en la preparación de alimentos, como el queso, descansar en los tranquilos cruceros, visitar alguna isla y bañarte en los ríos.

Pero si eres más aventurero y atrevido, puedes acampar en la selva virgen, aprender nociones de supervivencia° y practicar deportes extremos, como la escalada, el paracaidismo° y el *rafting*.

desemboca *flows into* **el desarrollo** *development* **el entorno** *environment*
la supervivencia *survival* **el paracaidismo** *parachuting*

2 **Después de leer** Contesta estas preguntas con oraciones completas. Answers will vary.
Suggested answers:

1. ¿Dónde nace y dónde desemboca el río Amazonas?

   Nace en el Perú y desemboca en el Atlántico.

2. ¿Qué es la Amazonia?

   Un territorio selvático donde viven muchas comunidades indígenas.

3. ¿Qué le permite el ecoturismo al turista?

   Le permite conocer, aprender a respetar y proteger los recursos naturales del planeta.

4. ¿Qué efecto tienen los programas de ecoturismo en los pueblos indígenas del Amazonas?

   Contribuyen a su desarrollo económico sin destruir su entorno o su cultura.

5. ¿Pueden disfrutar del ecoturismo las personas que buscan unas vacaciones tranquilas? ¿Por qué?

   Sí, porque hay excursiones más tranquilas con actividades como pasear por la selva o descansar en un crucero, visitar islas, etc.

6. ¿Qué ofrece el turismo ecológico a los turistas más aventureros?

   Les ofrece la oportunidad de acampar en la selva virgen, aprender nociones de supervivencia y practicar deportes de riesgo como paracaidismo, escalada y *rafting*.

Lección 5

composición

Imagina que trabajas para una empresa que ofrece programas de turismo ecológico en Centroamérica y debes preparar un paquete (*package*) de una semana para la nueva temporada de primavera.

Preparación

Escribe una lista de los lugares que vas a incluir en tu itinerario. Luego enumera distintas actividades ecológicas y recreativas que se pueden realizar en cada lugar. Piensa también en actividades alternativas para los que prefieren la tranquilidad, y en otros datos interesantes.

Lugares para visitar	Actividades para los aventureros	Alternativas para los que prefieren la tranquilidad	Datos interesantes

Composición

Escribe el texto para un folleto (*brochure*) informativo sobre el paquete. Incluye esta información y continúa tu composición en una hoja aparte. Answers will vary.

- una frase o eslogan para atraer al lector
- una descripción del lugar o lugares que se van a visitar y las actividades que se ofrecen cada día
- actividades alternativas para los que prefieren la tranquilidad
- los medios de transporte y el alojamiento
- un dato interesante para atraer la atención de los clientes; puede ser información turística, histórica, una anécdota de algún viajero, etc.
- información de contacto: nombre de la agencia de viajes, tu nombre, número de teléfono y un sitio de Internet

_____

_____

_____

_____

_____

_____

_____

_____

_____

Lección 5

© by Vista Higher Learning, Inc. All rights reserved.

contextos

1 **Palabras** Escribe la palabra de la lista que corresponde a cada una de estas descripciones o definiciones.

ave	cordillera	león	serpiente
cerdo	erosión	oveja	terremoto
conejo	incendio	rata	trueno

1. _____león_____ → el rey de la selva

2. _____terremoto_____ → fenómeno natural por el que la tierra se mueve

3. _____serpiente_____ → un ejemplo es la cobra

4. _____ave_____ → un sinónimo de pájaro

5. _____trueno_____ → el ruido en una tormenta

6. _____cordillera_____ → un grupo de montañas

2 **Definiciones** Escribe una descripción o definición de cada palabra. Answers will vary.

1. costa → _____

2. bosque → _____

3. desierto → _____

4. mar → _____

5. relámpago → _____

6. paisaje → _____

3 **Campo o ciudad** ¿Prefieres vivir en el campo o en la ciudad? Escribe las ventajas y las desventajas de vivir en el lugar que tú elijas. Utiliza las palabras de la lista. Answers will vary.

al aire libre	entretenimientos	medio ambiente	promover
contaminación	explotar	paisaje	respirar

Prefiero vivir en: _____

Ventajas	Desventajas

Lección 6

4 **Artículo** Lee este artículo sobre la conservación de los recursos naturales y complétalo con las palabras de la lista. Hay una palabra que se repite.

bosque lluvioso	conservación	contribuir	desarrollo	reciclar
combustibles	contaminar	deforestación	paisajes	recursos naturales

Conservemos nuestros recursos

La comarca de Cibao, en la República Dominicana, quiere promover (*promote*) el

(1) _____desarrollo_____ del turismo rural a través de una serie de programas de conservación

de los (2) _____recursos naturales_____ de la zona. Especialistas ambientales van a ofrecer talleres (*workshops*)

para aprender a (3) _____reciclar_____ la basura y así conservar sus bellos (4) _____paisajes_____ y

no (5) _____contaminar_____ el campo con desechos industriales (*industrial waste*). Al enseñar a proteger

los árboles y las plantas, este programa también va a (6) _____contribuir_____ a resolver los problemas

de (7) _____deforestación_____ del (8) _____bosque lluvioso_____. También se enseñará a no (9) _____contaminar_____ y

a usar (10) _____combustibles_____ que causan menos daño que la gasolina, como por ejemplo el gasoil y

el biodiesel. Este programa de (11) _____conservación_____ de recursos va a mejorar la zona y atraer más

turistas a las áreas rurales.

5 **Cierto o falso** Indica si estas afirmaciones sobre el artículo anterior son **ciertas** o **falsas**.

Cierto	Falso		
❏	☑	1.	El programa de conservación sólo quiere atraer a turistas.
☑	❏	2.	Este programa quiere conservar los paisajes.
☑	❏	3.	El programa va a ayudar a proteger los bosques lluviosos.
☑	❏	4.	Hay un programa para educar sobre productos dañinos.
❏	☑	5.	Este programa ayuda a proteger a animales en peligro de extinción.
❏	☑	6.	Se ofrece un programa especial sobre energías renovables.

6 **Turismo rural** Imagina que vas a la zona de Cibao con la escuela para hacer turismo rural. Escribe una postal a tu familia describiendo tu viaje, los lugares que has visitado y las actividades que has practicado. Usa al menos seis palabras de la lista. Answers will vary.

a orillas de	conservar	medio ambiente
al aire libre	desaparecer	paisaje
bosque	extinguirse	salvaje

_____

_____

_____

_____

_____

_____

Lección 6

 © by Vista Higher Learning, Inc. All rights reserved.

estructura

6.1 The future

1 **El futuro** Lee las predicciones de un futurólogo sobre el futuro de una isla caribeña y completa las oraciones con la forma adecuada del futuro de los verbos entre paréntesis.

El futuro no parece muy prometedor para nuestra isla. Un huracán (1) ____destruirá____ (destruir) muchas partes de la isla y las casas de la costa (2) ____desaparecerán____ (desaparecer). Otros desastres naturales (3) ____afectarán____ (afectar) a la isla. Primero, (4) ____habrá____ (haber) una inundación que (5) ____arrasará____ (arrasar - *to devastate*) la capital. Después, muchas personas (6) ____malgastarán____ (malgastar) el agua porque mucha gente piensa que el agua nunca se (7) ____terminará____ (terminar), y esto (8) ____provocará____ (provocar) la mayor sequía de la historia de la isla. (9) ____Perderemos____ (nosotros/perder) todos nuestros bosques tropicales porque no (10) ____lloverá____ (llover). Éste (11) ____será____ (ser) el futuro aterrador (*terrifying*) de la isla.

2 **Predicciones** Completa esta entrevista con las respuestas que el futurólogo le da a una periodista. Usa oraciones completas y la forma adecuada del futuro de los verbos entre paréntesis.

Answers will vary. Verbs:

PERIODISTA Muchas gracias por aceptar esta entrevista. Quiero hacerle unas preguntas. La primera: ¿Qué pasará con los animales de la isla?

FUTURÓLOGO se extinguirán _____ (extinguirse)

PERIODISTA ¿Cómo será el aire?

FUTURÓLOGO estará _____ (estar)

PERIODISTA ¿Qué harán las autoridades del gobierno?

FUTURÓLOGO no resolverán _____ (no resolver)

PERIODISTA ¿Y qué pasará con los recursos naturales?

FUTURÓLOGO se agotarán _____ (agotarse)

3 **Tus predicciones** Piensa en las condiciones medioambientales del lugar donde tú vives y escribe tus propias predicciones sobre estos temas. Usa la forma adecuada del futuro. Answers will vary.

| árboles | calentamiento global | erosión |
| basura | capa de ozono | paisaje |

1. _____

2. _____

3. _____

4. _____

5. _____

6. _____

Lección 6

4 **Planes sobre el futuro** Indica qué tiempo se usa en cada una de estas oraciones y después cambia las oraciones que se refieren al futuro, siguiendo el modelo.

> **modelo**
>
> Dentro de dos años vamos a tener cuatro hijos.
> *Dentro de dos años **tendremos** cuatro hijos.*

Pasado	Presente	Futuro	
☐	☑	☐	1. Ahora vivo con mis padres en Santo Domingo.
☑	☐	☐	2. De niño, acampaba en los bosques de la región amazónica de Perú.
☐	☐	☑	3. Mis padres vendrán para conocerte.
☐	☐	☑	4. En nuestra boda, tocará una banda toda la noche.
☑	☐	☐	5. Encontré un apartamento precioso en la costa de Chile para vivir juntos cuando nos casemos.
☐	☐	☑	6. Nunca dejaré de quererte.
☐	☐	☑	7. Juntos seremos muy felices.
☑	☐	☐	8. Yo vivía con mi mejor amigo.
☐	☐	☑	9. En seis meses, tendremos un carro nuevo.
☐	☐	☑	10. La luna de miel será inolvidable.

_____

_____

_____

_____

_____

_____

5 **El futuro** Completa las oraciones con tu opinión sobre lo que pasará si no cuidamos el planeta.

Answers will vary.

1. Si no reducimos el consumo de energía, _____.

2. Si no conservamos el agua, _____.

3. Si no protegemos a los animales, _____.

4. Si deforestamos los bosques, _____.

5. Si agotamos los recursos naturales, _____.

6. Si cazamos indiscriminadamente, _____.

7. Si desaparecen los arrecifes, _____.

8. Si no reciclamos, _____.

     © by Vista Higher Learning, Inc. All rights reserved.

Lección 6

6.2 The subjunctive in adverbial clauses

1 **¿Cuál es?** Elige la conjunción adecuada para completar cada oración relacionada con la ecología.

1. _____Aunque_____ (Aunque/Para que) contaminemos menos, el calentamiento global continúa siendo un tema preocupante.

2. _____Tan pronto como_____ (Tan pronto como/En caso de que) llueva, se reducirá el problema de la sequía.

3. Debemos cuidar los bosques _____para que_____ (en cuanto/para que) no se extingan los animales.

4. No se podrá cazar animales _____en caso de que_____ (en caso de que/sin que) sean especies protegidas.

5. Empezaremos los programas de reciclaje _____en cuanto_____ (en cuanto/aunque) terminen las inundaciones.

6. _____Antes de que_____ (Con tal de que/Antes de que) nos demos cuenta, la capa de ozono desaparecerá.

2 **Preocupaciones ecológicas** Completa estas oraciones con el subjuntivo o el indicativo de los verbos entre paréntesis, según el contexto.

1. Tenemos que conservar agua aunque _____haya_____ (haber) suficiente agua ahora.

2. Cuando _____desaparecen_____ (desaparecer) los bosques, se pierden muchas especies.

3. La gente se preocupará por el calentamiento de la tierra cuando _____sea_____ (ser) demasiado tarde.

4. Los carros seguirán contaminando hasta que _____se encuentren_____ (encontrarse) mejores combustibles alternativos.

5. Las especies en peligro de extinción comenzarán a recuperarse tan pronto como nosotros _____hagamos_____ (hacer) algo para protegerlas.

6. Los recursos naturales se agotarán a menos que todas las personas del planeta los _____conservemos/_____ (conservar).
   conserven

3 **Peligros y precauciones** Escribe oraciones lógicas con las conjunciones dadas y las palabras de la lista. Answers will vary.

atrapar	extinguirse	paisaje
cazar	león	tierra
conejo	morder	venenoso

1. A menos que _____

   _____.

2. Con tal de que _____

   _____.

3. Antes de que _____

   _____.

4. En caso de que _____

   _____.

© by Vista Higher Learning, Inc. All rights reserved.   **Lección 6 Estructura** Activities   **55**

Lección 6

4 **Planes para el medio ambiente** Completa las respuestas que da la Ministra de Medio Ambiente de Puerto Rico en una conferencia de prensa. Usa las claves que se dan entre paréntesis. Answers will vary.

1. ¿Qué hará por el medio ambiente antes de que termine su mandato (*term of office*)?

   (Antes de que) _____

2. ¿Qué proyectos planea hacer con todos los partidos políticos?

   (Luego que/reunirme con ellos) _____

3. ¿Con qué asociaciones ecológicas trabajará?

   (En cuanto/hablar con asociaciones locales) _____

4. ¿Hasta cuándo cree que serán necesarios sus programas de educación ambiental?

   (Serán necesarios hasta que el público) _____

5. ¿Qué está dispuesta a hacer (*willing to do*)?

   (Con tal de que/respetarse la naturaleza) _____

6. ¿Quién continuará su trabajo por el medio ambiente cuando termine su gobierno?

   (Después de que/yo/irme) _____

5 **Campaña electoral** La Ministra de Medio Ambiente de Puerto Rico quiere continuar en su trabajo de ministra. Escribe un discurso convincente que la ayude a obtener el apoyo del público.
Answers will vary.
A. Para preparar el discurso, haz una lista de cinco proyectos ambientalistas y explica por qué son relevantes.

_____

_____

_____

_____

B. Escribe el discurso con las ideas de la lista anterior. Expande las ideas usando al menos cinco expresiones de esta lista.

a menos que	cuando	para que	sin que
a pesar de que	en cuanto	siempre que	tan pronto como

_____

_____

_____

_____

_____

_____

_____

_____

_____

   © by Vista Higher Learning, Inc. All rights reserved.

Lección 6

6.3 Prepositions: *a, hacia,* and *con*

1 **¡Hay que ver el documental!** Empareja las columnas para formar oraciones lógicas.

___f___ 1. El documental de televisión sobre
los arrecifes empieza

___g___ 2. No quiero llegar tarde a casa. Le prometí

___e___ 3. Entonces tenemos que caminar ya

___d___ 4. Este parque está

___b___ 5. Calculo que llegaremos a casa

___a___ 6. ¡Qué tarde! Voy a llamar

___c___ 7. Afortunadamente es muy fácil
comunicarse; siempre salgo de casa

a. a Diana para pedirle que grabe (*record*)
el documental en video porque no llegaré
a tiempo.

b. hacia las nueve y cuarto.

c. con mi teléfono celular.

d. a una milla de mi casa.

e. hacia la salida del parque.

f. a las nueve en punto.

g. a Diana que íbamos a llegar a tiempo.

2 **Completar** Completa las oraciones con la preposición **a** según corresponda. Si no es necesario usar **a**, escribe una X.

1. ¿Viste _____X_____ las montañas? ¡Son preciosas!

2. _____a_____ mis amigos no les gusta acampar.

3. Este manual explica _____X_____ cómo conservar los recursos naturales.

4. No conozco _____a_____ nadie que no recicle la basura inorgánica.

5. Para ahorrar combustible, voy _____a_____ conducir menos.

6. Siempre le digo _____a_____ Víctor que no use tanta agua.

7. Buscamos _____X_____ estudiantes para la campaña ecológica.

8. ¿Quieren vivir en una ciudad llena de basura? ¿No? Pues, ¡ _____a_____ reciclar!

3 **Oraciones** Combina los elementos para formar oraciones lógicas. En cada una debes usar las preposiciones **a, con** o **hacia** por lo menos una vez. Haz los cambios necesarios.

1. (nosotros) necesitar / ciudadanos responsables / para trabajar / nosotros
Necesitamos ciudadanos responsables para trabajar con nosotros.

2. yo / no gustar / tu actitud negativa / los animales
A mí no me gusta tu actitud negativa hacia los animales.

3. mi interés / la naturaleza / empezar / los años noventa
Mi interés por la naturaleza empezó hacia los años noventa.

4. Ignacio / dar de comer / su pez / todos los días
Ignacio le da de comer a su pez todos los días.

5. tú / querer / hablar / tu novia / sobre la idea de adoptar / un perro
Tú quieres hablar con tu novia sobre la idea de adoptar un perro.

6. ayer / la lluvia / caer / mucha fuerza / todo el día
Ayer la lluvia cayó con mucha fuerza todo el día.

7. yo / preguntar / Ana / qué hora / llegar / casa / anoche
Yo le pregunté a Ana a qué hora llegó a casa anoche.

8. ayer / él / explicar / todos / muchos detalles / las consecuencias de la deforestación
Ayer él nos explicó a todos con muchos detalles las consecuencias de la deforestación.

Lección 6

© by Vista Higher Learning, Inc. All rights reserved.

4   **Reunión** Completa esta conversación entre el alcalde (*mayor*) de Río Piedras, Puerto Rico, y el presidente de una organización ecologista.

| con | con ustedes | con él |
| con nosotros | conmigo | con ellos |

ALCALDE   Debemos buscar una solución para terminar (1) _____ con _____ el problema de la caza. (2) _____ Con _____ tanta caza, los animales del bosque van a desaparecer.

ECOLOGISTA   Nosotros queremos hablar con los cazadores, pero ellos no quieren reunirse (3) _____ con nosotros _____.

ALCALDE   (4) _____ Con _____ esa actitud de no querer reunirse, es difícil que ellos colaboren (5) _____ con ustedes _____. Intentaré llegar a un acuerdo (6) _____ con ellos _____. Seguro que ellos sí quieren hablar (7) _____ conmigo _____. Llamaré a mi cuñado, él es cazador y (8) _____ con él _____ se puede hablar (9) _____ con _____ más confianza.

ECOLOGISTA   Gracias, señor Alcalde. Cuente (10) _____ con nosotros _____ para lo que necesite.

5   **Conversación** Escribe la conversación que el alcalde de Río Piedras tuvo con su cuñado el cazador. Usa al menos seis expresiones de la lista. Answers will vary.

| a los animales | a nadie | con cuidado | con nosotros |
| a los cazadores | con | con ellos | hacia el bosque |

_____

_____

_____

_____

_____

_____

_____

_____

_____

_____

_____

_____

_____

_____

   © by Vista Higher Learning, Inc. All rights reserved.

Lección 6

lectura

1 **Antes de leer** ¿Existen animales en peligro de extinción en tu país? ¿Se hace algo para protegerlos?
Answers will vary.

Las islas Galápagos

La fauna de Hispanoamérica es de una riqueza extraordinaria. Lamentablemente, algunas especies animales están en peligro de extinción a causa de la caza y la pesca indiscriminadas, la creciente deforestación y, por supuesto, la contaminación. Sin embargo, todavía se pueden encontrar paraísos en los que la naturaleza se ha salvado de la mano contaminadora del hombre.

En el océano Pacífico, a unos 1.000 kilómetros del Ecuador, se encuentra uno de los ecosistemas más extraordinarios del planeta. Se trata de las islas Galápagos, un archipiélago compuesto por 125 islas e islotes. Su origen volcánico le confiere al paisaje un aspecto de lugar encantado. Pero no es esta cualidad lo que atrae a los visitantes e investigadores, sino las maravillosas especies animales de estas islas.

El nombre del archipiélago proviene de la gran cantidad de tortugas gigantes que habitan allí, llamadas galápagos, y que son únicas en todo el planeta. Las islas Galápagos son un paraíso no sólo para estas tortugas, sino para muchas otras especies animales protegidas, como las iguanas marinas, los piqueros°, las fragatas°, los leones marinos, entre otras muchas especies de reptiles, aves y mamíferos. En 1835, Charles Darwin concibió su teoría de la evolución en estas islas, inspirado en la singularidad de las especies que encontró.

Debido al escaso° contacto que han tenido con el hombre, muchos de los animales del archipiélago no les tienen miedo a los visitantes y se acercan a ellos movidos por la curiosidad. Por ello, y para proteger el medio ambiente, hace unos años se limitó el número de turistas que puede visitar las islas anualmente. A pesar de ésta y otras medidas que se han tomado, algunas de las especies que viven en este ecosistema se encuentran actualmente en peligro de extinción.

piqueros *blue footed boobies* **fragatas** *frigatebirds* **escaso** *limited*

2 **Después de leer** Completa estas oraciones con la opción correcta.

1. Algunas especies están en peligro de extinción debido a la caza y la pesca indiscriminadas y a ___a___.

   a. la deforestación y la contaminación
   b. la deforestación y los incendios
   c. la contaminación y los terremotos

2. Las islas Galápagos están en ___c___.

   a. el mar Caribe
   b. el océano Atlántico
   c. el océano Pacífico

3. El nombre de las islas proviene de una especie de ___b___ que vive allí.

   a. lagarto gigante
   b. tortuga gigante
   c. ballena

4. En las islas Galápagos se ha limitado el número de ___a___ al año, para proteger su medio natural.

   a. visitantes
   b. aves
   c. especies

Lección 6

© by Vista Higher Learning, Inc. All rights reserved.

composición

Imagina que perteneces a una organización ambiental que trabaja en una campaña de sensibilización (*awareness*) para la protección de espacios naturales. Tú eres el/la encargado/a de escribir un folleto informativo.

PREPARACIÓN

Escribe una lista de los lugares que planeas proteger. Puedes buscar información en las lecturas del libro de texto o en Internet. Luego, escribe otra lista para indicar lo que quieres proteger (animales, plantas, bosques, etc.). Por último, da consejos a los visitantes para que colaboren en la protección de los lugares que seleccionaste.

Answers will vary.

Dónde proteger	Qué proteger	Consejos y recomendaciones

COMPOSICIÓN

Escribe un folleto informativo para tu campaña de sensibilización. Continúa en una hoja aparte.

- Incluye un eslogan o una cita sobre el medio ambiente para captar la atención del lector.
- Describe el lugar que quieres proteger. Explica dónde está, qué atracciones turísticas naturales tiene, etc. Debes elegir dos o tres espacios naturales.
- Describe qué se necesita proteger en particular y por qué. Usa la información de los artículos del libro de texto y de la lectura de la página anterior.
- Escribe tres consejos prácticos para que todos los visitantes puedan colaborar en la conservación de esos espacios naturales.

_____

_____

_____

_____

_____

_____

_____

_____

_____

_____

_____

Lección 6

contextos

1 **Definiciones** Empareja las palabras con sus definiciones.

_c_ 1. la patente	a. palabra o serie de letras o números que da acceso a una computadora
_a_ 2. la contraseña	b. partícula formada por ADN que se encuentra en el núcleo de las células y que determina la herencia
_e_ 3. el extraterrestre	c. documento que reconoce a alguien como autor(a) de un invento
_d_ 4. el ovni	d. objeto volador no identificado
_b_ 5. el gen	e. habitante de un planeta que no es la Tierra

2 **Nuestra ciencia** *Nuestra ciencia* es una revista de divulgación científica. Éstas son las fotos y los títulos de los artículos que se van a publicar en el próximo número. Indica qué foto corresponde a cada título. Hay un título que no lleva foto.

  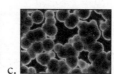  

a.　　b.　　c.　　d.　　e.

_d_ 1. Nuevas normas de higiene en los laboratorios de bioquímica

_a_ 2. Inusual lluvia de estrellas fugaces provoca aumento en la venta de telescopios personales

_e_ 3. Nueva generación de computadoras portátiles ultraligeras (*ultralight*)

_∅_ 4. Nuevas claves sobre la teoría de la relatividad

_b_ 5. Innovadores estudios sobre las estrellas y los agujeros negros

_c_ 6. Intrigante descubrimiento sobre el desarrollo de las células

3 **Titulares** Completa los titulares *(headlines)* de la revista *Nuestra ciencia* con las palabras de la lista. Haz todos los cambios necesarios.

clonado	estrella fugaz	reproductor de DVD
computadora portátil	investigar	telescopio

1. Las computadoras portátiles son cada vez más pequeñas y ligeras.
2. Todo está preparado para el lanzamiento *(launching)* del mayor ___telescopio___ de la Tierra. Con él se podrán ver partes del espacio nunca antes vistas.
3. El primer animal ___clonado___ que sobrevivió fue una oveja.
4. Para ver películas, vas a necesitar ___un reproductor de DVD___.
5. ¿Por qué la gente pide un deseo cuando ve ___una estrella fugaz___?
6. Todavía queda mucho por ___investigar___ en la superficie de la Luna.

© by Vista Higher Learning, Inc. All rights reserved.

Lección 7

4 **Los subtítulos** Completa las oraciones con las palabras adecuadas de la lista.

avance	descubrimiento	formuló	innovadoras
científico	especializado	inalámbricas	transbordador espacial

1. Un _____científico_____ argentino ha hecho un _____descubrimiento_____ significativo que puede ayudar a encontrar una cura para el mal de Alzheimer.

2. El científico peruano Luis Ybarra, _____especializado_____ en dinosaurios, _____formuló_____ una teoría acerca del origen de las aves.

3. Las fotos tomadas desde el _____transbordador espacial_____ mostraron que la superficie de la Luna tiene montañas y cráteres.

4. Nuevas técnicas _____innovadoras_____ prometen mayor seguridad para las conexiones _____inalámbricas_____.

5 **Entrevista** Escribe las respuestas a las preguntas que una periodista le hizo a un astrónomo que descubrió un ovni. Answers will vary.

PERIODISTA ¿Qué estaba haciendo cuando vio por primera vez el objeto volador?
ASTRÓNOMO _____

PERIODISTA ¿Qué pensó que era al principio?
ASTRÓNOMO _____

PERIODISTA ¿Cuál fue su primera reacción?
ASTRÓNOMO _____

PERIODISTA ¿Qué opina el gobierno argentino de este descubrimiento?
ASTRÓNOMO _____

PERIODISTA ¿Cuál es su teoría en cuanto a este suceso? ¿Cuál será el siguiente paso?
ASTRÓNOMO _____

6 **¡Nunca es tarde para aprender!** Imagina que eres profesor(a) de informática. Tienes que enseñarle a un grupo de jubilados *(retirees)* a usar el correo electrónico. Escribe instrucciones sobre cómo abrir y utilizar una cuenta de correo electrónico. Usa las palabras de la lista. Answers will vary.

adjuntar	borrar	contraseña
arroba	buscador	página web

MANUAL DE CORREO ELECTRÓNICO

_____
_____
_____
_____
_____
_____
_____

© by Vista Higher Learning, Inc. All rights reserved.

estructura

7.1 The present perfect

1 **Crucigrama** Completa el crucigrama con los participios de estos verbos.

Horizontales
3. poner
4. volver
6. descubrir
7. ver
8. morir

Verticales
1. romper
2. hacer
5. exhibir

Crossword answers:
- ¹R O [down: R, O, C, O]
- ²H E C H O
- ³P U E S T O
- ⁴V U E L T O
- ⁵E S C R I T O
- ⁶D E S C U B I E R T O
- ⁷V I S T O
- ⁸M U E R T O

---

2 **¿Problemas técnicos?** Completa la conversación entre un profesor de informática y un estudiante. Usa la forma correcta del pretérito perfecto y de los participios como adjetivos.

ESTUDIANTE Profesor, esta computadora está (1) _____rota_____ (romper).

PROFESOR ¡Imposible! Si apenas la (2) _____he comprado_____ (comprar). La tengo hace sólo una semana. Ah, mira... ¿cómo va a funcionar si no la (3) _____has encendido_____ (encender)?

ESTUDIANTE Ah, ahora ya está (4) _____encendida_____ (encender), pero no pasa nada.

PROFESOR ¡Es que todavía no (5) _____has escrito_____ (escribir) tu contraseña!

ESTUDIANTE Lo que pasa es que (6) _____he perdido_____ (perder) mi contraseña; no la recuerdo y no se dónde la (7) _____he guardado_____ (guardar).

PROFESOR Está bien, usa mi portátil y entra en la página web de la escuela, como les (8) _____he dicho_____ (decir) a tus compañeros.

ESTUDIANTE Perdón, pero no (9) _____he entendido_____ (entender) las instrucciones.

PROFESOR ¿Ya estás (10) _____conectado/a_____ (conectar) a Internet?

ESTUDIANTE Sí, pero no (11) _____he encontrado_____ (encontrar) la página web.

PROFESOR Continuaremos mañana porque la clase se (12) _____ha terminado_____ (terminar), ¡y mi paciencia también!

© by Vista Higher Learning, Inc. All rights reserved. **Lección 7 Estructura** Activities

3 **¿Qué han hecho?** Combina estos elementos para formar oraciones completas. Usa el pretérito perfecto y haz los cambios necesarios.

> **modelo**
> yo / comprar / teléfono celular nuevo
> *Yo he comprado un teléfono celular nuevo.*

1. nosotros / navegar / descargar / programas en la red
Nosotros hemos navegado y descargado programas en la red.

2. matemáticos / descubrir / fórmula revolucionaria
Los matemáticos han descubierto una fórmula revolucionaria.

3. astrónoma / observar / cometa / horas
La astrónoma ha observado el cometa durante horas.

4. usted / realizar / avances / investigación
Usted ha realizado avances en la investigación.

5. ingeniera / patentar / descubrimiento
La ingeniera ha patentado su descubrimiento.

6. tú / enviar / correo electrónico
Tú has enviado un correo electrónico.

4 **Encuesta** Una revista de informática de Argentina hizo una encuesta a 100 usuarios de Internet. Estudia los resultados de la encuesta y escribe un informe usando el pretérito perfecto. Answers will vary.

Preguntas	Frecuencia			
	Nunca	En los últimos 6 meses	En la última semana	En las últimas 4 horas
1. usar una computadora portátil	2	28	50	20
2. navegar en la red	1	7	57	35
3. descargar programas de computación	37	35	26	2
4. escuchar música en la computadora	5	40	45	10
5. ver DVD en la computadora	10	60	28	2
6. utilizar Skype	45	29	25	1
7. escribir en su propio blog	82	7	10	1
8. leer comentarios en el muro *(wall)* de Facebook	23	24	36	17

La mayoría de los encuestados ha respondido que...

_____

_____

_____

_____

 © by Vista Higher Learning, Inc. All rights reserved.

7.2 The past perfect

1 Oraciones incompletas Completa las oraciones con la forma correcta del pluscuamperfecto.

1. Antes de clonar animales, los investigadores __habían hecho__ (hacer) muchas pruebas.
2. Antes de ir a Marte, los astronautas ya __habían visitado__ (visitar) la Luna.
3. Ayer vi una estrella fugaz. Nunca antes __había visto__ (ver) una estrella por un telescopio.
4. La conexión a Internet es genial. Yo nunca __había descargado__ (descargar) un archivo tan rápido antes.
5. ¡Acabo de borrar un archivo adjunto y no lo __había leído__ (leer)!
6. Los ingenieros querían patentar su último invento, pero todavía no __habían comprobado__ (comprobar) si funcionaba.

2 El mundo de las computadoras Reescribe estas oraciones usando el pluscuamperfecto. Sigue el modelo.

> **modelo**
> Hace una hora envié un correo electrónico. Usé el corrector ortográfico antes de enviarlo.
> *Ya había usado el corrector ortográfico cuando envié el correo electrónico.*

1. Recibí tu mensaje de texto a las 5:00. Terminé de descargar los programas a las 4:30.
Ya había terminado de descargar los programas cuando recibí tu mensaje de texto.
2. Borré los archivos. Me llamaron a mi celular cinco minutos más tarde para pedírmelos.
Ya había borrado los archivos adjuntos cuando me llamaron a mi celular para pedírmelos.
3. Guardé los archivos adjuntos. Mi computadora se rompió poco después.
Ya había guardado los archivos adjuntos cuando mi computadora se rompió.
4. Tomé tres cursos de informática el año pasado. Compré esta computadora anteayer.
Ya había tomado tres cursos de informática cuando compré esta computadora.
5. Adjunté unas fotos al correo electrónico. Perdí la conexión unos minutos después.
Ya había adjuntado unas fotos al correo electrónico cuando perdí la conexión.

3 Te presto mi computadora Completa la conversación entre Carla y Esteban sobre los problemas que tiene Esteban con su computadora. Usa la forma correcta del pretérito perfecto o el pluscuamperfecto.

CARLA ¿Ya te (1) __has comprado__ (comprar) una computadora nueva?

ESTEBAN No, cuando fui a la tienda la oferta ya (2) __se había terminado__ (terminarse) y no tengo mucho dinero ahora.

CARLA Cuando yo compré la mía la semana pasada, el vendedor me dijo que ya (3) __había vendido__ (vender) más de cincuenta computadoras portátiles.

ESTEBAN ¡Qué lástima! No (4) __he podido__ (poder) ir antes porque (5) __he tenido__ (tener) demasiado trabajo.

CARLA ¿(6) __Has escrito__ (escribir) ya el informe para tu clase de biología?

ESTEBAN Sí, me reuní con mi grupo ayer, pero todavía no (7) __he presentado__ (presentar) el informe. Te cuento también que mi vieja computadora (8) __se ha roto__ (romperse) otra vez. Nunca me (9) __había fallado__ (fallar) antes, pero últimamente no (10) __ha parado__ (parar) de darme problemas.

CARLA Te puedo prestar la mía, prácticamente no la (11) __he usado__ (usar) en las últimas dos semanas y no creo que la necesite hoy.

4 **¿Por qué?** Lee esta historia y responde a las preguntas usando el pluscuamperfecto del verbo subrayado.

Los socios del club de astronomía <u>observaron</u> el cielo de La Pampa argentina por horas y finalmente vieron un objeto volador no identificado. La última vez que los socios del club <u>vieron</u> algo extraño en el cielo fue hace tres años y los investigadores no <u>vinieron</u>. Por eso, no querían llamar a los investigadores. La explicación de los investigadores fue que no podían responder a las llamadas de todos los aficionados a la astronomía porque muchas veces <u>eran</u> falsas alarmas y ellos estaban ocupados con proyectos muy importantes.

1. ¿Por qué vieron el ovni? Porque habían observado el cielo por horas. _____

2. ¿Es ésta la primera vez que los socios del club ven objetos en el cielo? _____
   No, ya habían visto algo hacía tres años. _____

3. ¿Por qué no querían llamar a los investigadores? _____
   Porque la última vez no habían venido. _____

4. ¿Por qué los investigadores decían que no podían responder a todos las llamadas de los aficionados?
   Porque muchas veces habían sido falsas alarmas. _____

5 **Pasado y presente** Piensa en avances científicos que tuvieron lugar antes de que nacieras y en avances que se han realizado en los últimos años. Escribe por lo menos ocho oraciones usando el pluscuamperfecto, el pretérito perfecto y participios como adjetivos. Puedes usar los verbos de la lista u otros. Answers will vary.

| crear | escribir | hacer | investigar | poner |
| descubrir | fabricar | inventar | morir | resolver |

modelo

*Cuando yo nací, ya **habían descubierto** la penicilina.*
*Las vacunas **descubiertas** por los científicos **han ayudado** a curar muchas enfermedades.*

_____

_____

_____

_____

_____

_____

_____

_____

_____

   © by Vista Higher Learning, Inc. All rights reserved.

7.3 Diminutives and augmentatives

1 **¿Diminutivo o aumentativo?** Clasifica estas palabras en diminutivos o aumentativos. Luego, escribe la palabra original para cada una de ellas.

bocaza	casona	chiquillo	golpazo
cabezón	cerebrito	codazo	hermanito
campanilla	cerquita	cucharilla	solterón

Diminutivos	Aumentativos
abuelita/abuela	bocaza/boca
campanilla/campana	cabezón/cabeza
cerebrito/cerebro	casona/casa
cerquita/cerca	codazo/codo
chiquillo/chico	golpazo/golpe
cucharilla/cuchara	solterón/soltero
hermanito/hermano	

2 **Definiciones** Selecciona la palabra que corresponde a cada definición.

1. Está en los pantalones y sirve para meter cosas. __bolsillo__ (bolsillo / bolsón)

2. Prenda de vestir para dormir. __camisón__ (camisita / camisón)

3. Ventana del carro. __ventanilla__ (ventanilla / ventanón)

4. Palabra vulgar y desagradable. __palabrota__ (palabrita / palabrota)

5. Persona que nunca cambia de opinión. __cabezón__ (cabecita / cabezón)

6. Tela que se utiliza en el teatro. __telón__ (telilla / telón)

3 **Exclamaciones** Escribe lo que dirías en las siguientes situaciones. Sigue el modelo.
Answers may vary slightly.

> **modelo**
> Ves un gato muy bonito: "*¡Qué gatito!*"

1. Ves una casa muy grande: "__¡Qué casona!__"

2. Ves un perro que te da mucho miedo: "__¡Qué perrazo!__"

3. Ves una flor muy pequeña y bonita en el campo: "__¡Qué florecita!__"

4. Ves a un hombre muy pequeño: "__¡Qué hombrecillo!__"

5. Oyes una palabra muy fea: "__¡Qué palabrota!__"

6. Ves a dos personas que se acaban de conocer y se enamoran a primera vista:
"__¡Qué flechazo!__"

7. Ves que tienes una mancha muy grande en tu camisa nueva: "__¡Qué manchona!__"

8. Ves una luz muy pequeña en la distancia: "__¡Qué lucecita!__"

Lección 7

4 **Ilustraciones** Da un título a cada una de las fotos. Usa diminutivos y aumentativos. Answers will vary.

1. _____

2. _____

3. _____

4. _____

5. _____

6. _____

5 **Una pequeña gran historia** Lee el comienzo de esta historia y reemplaza los diminutivos con aumentativos y los aumentativos con diminutivos. Luego, escribe un final para la historia usando al menos cuatro diminutivos y cuatro aumentativos más, formados a partir de algunas de las palabras de la lista. Answers will vary.

agua	avión	chico	mano
ahora	cerca	estrella	planeta
amigo	cohete	luz	taza

A María siempre le había interesado la ciencia y le encantaba leer (libritos) _____

dificilísimos. Siempre decía: "Cuando sea (grandecita) _____ voy a ser inventora". En

el fondo de su (casona) _____ había un (cuartote) _____ donde María

hacía muchos experimentos. Cuando terminó la escuela secundaria, _____

_____

_____

_____

_____

_____

_____

_____

 © by Vista Higher Learning, Inc. All rights reserved.

lectura

1 **Antes de leer** ¿Tienes familiares o amigos que viven lejos? ¿Cómo te comunicas con ellos?
Answers will vary.

_____

_____

Skype: Regreso a casa

Hay más de 50 millones de hispanos en los Estados Unidos, la mayoría de ellos con familia en sus países de origen. A veces, puede resultar muy complicado, si no imposible, para estas personas visitar sus países, ya sea por motivos de trabajo, económicos o de falta de tiempo. Afortunadamente, gracias a las nuevas tecnologías, las barreras geográficas dejan de ser un impedimento° y los inmigrantes hispanos en Estados Unidos pueden mantener sus raíces° y el contacto con sus seres queridos.

No es nada nuevo que los inmigrantes puedan mantener los lazos° con sus familiares, ya que llevan siglos haciéndolo a través del correo, y después a través de la red telefónica. Lo que es relativamente nuevo y revolucionario es la forma en que se comunican. Internet se ha convertido en una herramienta económica y accesible que permite a los extranjeros estar más cerca de sus casas, de sus costumbres y de sus tradiciones.

Skype es una plataforma informática que permite chatear, realizar llamadas y videollamadas a otros usuarios de Skype en cualquier parte del mundo de forma totalmente gratuita°. Con el modo de videollamada, las personas se pueden ver en la pantalla y hablar a través del micrófono tal y como lo harían en una conversación cara a cara. La mayoría de computadoras portátiles tienen cámara y micrófono incorporados, así que hablar con personas a miles de kilómetros es tan fácil como apretar un botón. Además, Skype permite hacer llamadas a teléfonos celulares y fijos a precios muy económicos.

En 2014, Skype superó los 700 millones de usuarios registrados. Está disponible para diferentes sistemas operativos e incluso para muchos teléfonos celulares. Con la tecnología de hoy, el mundo entero está a sólo un clic de distancia.

impedimento *obstacle* **raíces** *roots* **lazos** *ties, bonds*
gratuita *free*

2 **Después de leer**

A. Cierto o falso Indica si estas afirmaciones son **ciertas** o **falsas**.

Cierto	Falso		
❏	☑	1.	Los hispanos en Estados Unidos siempre pueden viajar a sus países sin dificultad.
☑	❏	2.	Internet facilita la comunicación de los inmigrantes con sus familiares.
❏	☑	3.	Skype es un servicio que permite a sus usuarios comunicarse por correo electrónico.
❏	☑	4.	Las llamadas a teléfonos celulares y fijos son totalmente gratuitas con Skype.

B. ¿Y tú? ¿Has utilizado Skype alguna vez? ¿Cómo fue la experiencia? ¿Crees que los servicios como Skype pueden llegar a reemplazar la telefonía tradicional? ¿Por qué? Answers will vary.

_____

_____

_____

© by Vista Higher Learning, Inc. All rights reserved.

Lección 7

composición

Imagina que estás trabajando en una campaña publicitaria para una compañía de telecomunicaciones. Escribe un folleto publicitario explicando las diferentes posibilidades para comunicarse con los familiares que están lejos. Answers will vary.

PREPARACIÓN

Escribe una lista de los diferentes servicios que ofrece tu compañía (Internet, telefonía fija, telefonía celular, telefonía por Internet, televisión por satélite, etc.). Luego, piensa en las diferentes posibilidades que ofrecen esos productos (teléfonos celulares: mensajes de texto, envío de fotos, etc.).

Servicios y productos	Posibilidades

COMPOSICIÓN

Escribe un folleto publicitario para dar a conocer los servicios de tu compañía a la población hispanohablante de tu comunidad. Continúa en una hoja aparte.

- Describe el servicio y los productos que ese servicio requiere (computadora, teléfono fijo, antena parabólica, etc.).
- Explica las posibilidades y los beneficios de estos productos y servicios (enviar correo electrónico, comunicarse a través de video, etc.).
- Incluye otra información, como precio, duración de la instalación, promociones especiales, etc.
- Termina tu folleto con la información de contacto para solicitar esos productos y servicios (número de teléfono, página web, etc.).

_____

_____

_____

_____

_____

_____

_____

_____

_____

    © by Vista Higher Learning, Inc. All rights reserved.

contextos

1 **Analogías** Completa cada analogía con la palabra adecuada.

1. contratar : despedir :: solicitar : <u>renunciar</u>
2. empleo : desempleo :: ganar bien : <u>ganar mal</u>
3. pobreza : riqueza :: exportar : <u>importar</u>
4. ahorrar : gastar :: capaz : <u>incapaz</u>
5. conferencia : reunión :: compañía : <u>empresa</u>
6. contratar : puesto de trabajo :: ascender : <u>aumento de sueldo</u>

2 **Diálogos en Blas y Cía.** Completa las conversaciones sobre situaciones laborales en la empresa Blas y Cía. con las palabras de la lista.

aumento	contrato	puesto	sindicato
compañía	dueña de la empresa	reunión	sueldo mínimo

CONVERSACIÓN 1

—Señor Domínguez, el (1) _____<u>sindicato</u>_____ está planeando una (2) _____<u>reunión</u>_____ para el próximo martes.

—¿Cuál es el problema ahora?

—Trabajamos demasiado y tan sólo por un (3) _____<u>sueldo mínimo</u>_____. Queremos un (4) _____<u>aumento</u>_____ de sueldo por trabajar en estas condiciones.

—Bien, lo discutiré con la (5) _____<u>dueña de la empresa</u>_____.

CONVERSACIÓN 2

—Señorita Rodríguez, su currículum es impresionante. Sus estudios y experiencia son adecuados para nuestra (6) _____<u>compañía</u>_____. El (7) _____<u>puesto</u>_____ es suyo. ¿Puede comenzar a trabajar el lunes próximo?

—¡Claro que sí!

—Entonces, sólo tiene que firmar el (8) _____<u>contrato</u>_____.

3 **¡Felicitaciones!** El señor Ferrari, empleado de la empresa Fernández, está muy contento. Ordena la conversación del uno al diez para saber por qué está tan feliz.

<u>8</u> a. Me alegro, porque usted también ha sido ascendido.

<u>1</u> b. Señor Pardo, me dijo su socio que usted quiere hablar conmigo.

<u>10</u> c. ¡Felicitaciones, señor Ferrari! Ahora vaya a descansar porque mañana lo espera un largo día.

<u>4</u> d. Sí. Quiero felicitarlo por ese proyecto, señor Ferrari. Fue aprobado por los ejecutivos de la empresa.

<u>3</u> e. Gracias. ¿Quiere hablarme sobre el proyecto que le presenté a la compañía?

<u>5</u> f. ¡Ésa es una excelente noticia! ¿Les gustó a todos los ejecutivos?

<u>9</u> g. ¡Ésa es otra excelente noticia, señor Pardo!

<u>6</u> h. A todos, sin excepción. Creemos que el proyecto será un éxito y queremos que comience a trabajar en esto mañana mismo. ¿Está de acuerdo?

<u>7</u> i. ¡Sí, por supuesto!

<u>2</u> j. Así es, señor Ferrari. Pase y tome asiento, por favor.

© by Vista Higher Learning, Inc. All rights reserved.

4 **Huelga mundial de mujeres** Completa este párrafo con palabras de la lista.

desempleada	exitosos	huelga	riqueza
exigir	hipoteca	pobreza	sueldo

La Huelga Mundial de Mujeres nace en 1999 cuando las mujeres irlandesas deciden convocar una
(1) _____huelga_____ general y piden el respaldo de la Campaña Internacional por el Salario para
el Trabajo del Hogar. Las mujeres de todo el mundo se han movilizado para (2) _____exigir_____
el reconocimiento del trabajo sin (3) _____sueldo_____ que hacen en sus hogares, para luchar
por la igualdad salarial y para combatir la (4) _____pobreza_____, la explotación y todo tipo de
discriminación. La campaña ha tenido resultados (5) _____exitosos_____: ha reunido a mujeres en
más de sesenta países y ha formado una red internacional de coordinadoras de la huelga.

En la actualidad, las mujeres en Venezuela han logrado que el Artículo 88 de la Constitución
reconozca al trabajo del hogar como actividad económica que produce (6) _____riqueza_____ y
bienestar social, y que le da derecho (*rights*) a las amas de casa (*housewives*) a la seguridad social.

5 **Peticiones** Escribe la lista de peticiones que un grupo de mujeres pudo haber hecho al gerente de la
empresa donde trabajan. Usa oraciones completas. Answers will vary.

1. Contratos: *Queremos que nuestros contratos sean justos.*

2. Puestos de trabajo: _____

3. Situación de la mujer: _____

4. Sueldo mínimo: _____

5. Horario de trabajo: _____

6 **Carta** Imagina que perteneces a una asociación que lucha por los derechos civiles de la mujer.
Escribe una carta al gobierno de tu país pidiendo el reconocimiento del trabajo en el hogar y el
derecho a la igualdad en el mundo laboral. Usa al menos ocho palabras de la lista. Answers will vary.

aumento de sueldo	contrato	fijo	sindicato
capaz	empleado	ganar bien	solicitar
cobrar	empleo	puesto	sueldo mínimo

_____

_____

_____

_____

_____

_____

_____

Lección 8

     © by Vista Higher Learning, Inc. All rights reserved.

estructura

8.1 The conditional

1 **Entrevista** Completa esta conversación sobre un puesto de trabajo con la forma correcta del condicional de los verbos entre paréntesis.

CANDIDATO Si yo pudiera formar parte de esta empresa (1) ____estaría____ (estar) dispuesto a todo.

GERENTE Pero, sin experiencia, usted no (2) ____podría____ (poder) ocupar el puesto de trabajo que solicita en nuestra compañía.

CANDIDATO No me (3) ____importaría____ (importar) trabajar en cualquier otro puesto, incluso (4) ____trabajaría____ (trabajar) por el sueldo mínimo. También (5) ____estudiaría____ (estudiar) para poder ascender.

GERENTE (6) ____Tendría____ (tener) que consultarlo con el asesor y la dueña de la empresa. Creo que usted (7) ____sería____ (ser) un buen vendedor algún día; parece una persona muy capaz.

CANDIDATO Muchísimas gracias. Me (8) ____encantaría____ (encantar) ser vendedor y algún día (9) ____podría____ (poder) llegar al puesto de contador o gerente.

GERENTE (10) ____Valdría____ (valer) la pena intentarlo. Es usted un joven con mucho talento y entusiasmo, y creo que puede tener un gran futuro en esta empresa.

2 **Las responsabilidades de Mario** Mario, un empleado nuevo, se reúne con el asesor de la empresa, quien le informa sobre las responsabilidades que tendría como empleado. Mira la lista del asesor y escribe oraciones usando el condicional.

1. hacer fotocopias: Harías fotocopias.

2. preparar informes de ventas: Prepararías informes de ventas.

3. ayudar al gerente: Ayudarías al gerente.

4. administrar la base de datos: Administrarías la base de datos.

5. distribuir el correo: Distribuirías el correo.

6. tener que ir a reuniones: Tendrías que ir a reuniones.

3 **¡Decepcionado!** Mario es contratado, pero se siente decepcionado porque tiene responsabilidades de las que no había hablado con el gerente. Imagina lo que piensa y escribe oraciones usando el condicional.

1. decirme / asistir cursos de formación El gerente me dijo que asistiría a cursos de formación.

2. mencionar / ser vendedor y no asistente El gerente mencionó que sería vendedor y no asistente.

3. decirme / tener futuro en su empresa El gerente me dijo que tendría futuro en su empresa.

4. decirme / valer la pena intentarlo El gerente me dijo que valdría la pena intentarlo.

5. explicar / administrar proyectos importantes El gerente me explicó que administraría proyectos importantes.

6. prometerme / atender a muchos clientes El gerente me prometió que atendería a muchos clientes.

Lección 8

© by Vista Higher Learning, Inc. All rights reserved. **Lección 8 Estructura** Activities   **73**

4 **Completar** Completa las oraciones usando el condicional para explicar qué pasaría en estas situaciones hipotéticas. Answers will vary.

1. Una empresa multinacional cierra de repente.

   Los empleados *se quedarían sin trabajo y protestarían.* _____

2. Tu jefe te ofrece un puesto más alto en tu empresa que requiere más horas de trabajo.

   Tú _____

3. Las mujeres de todo el mundo logran tener los mismos derechos laborales.

   Ellas _____

4. Los ciudadanos no tienen que pagar impuestos.

   Yo _____

5. El día de trabajo aumenta a doce horas diarias.

   Nosotros, los empleados, _____

6. El gerente de una compañía renuncia.

   La dueña de la compañía _____

5 **¿Qué harías tú?** Elige una de estas situaciones y escribe al menos cuatro oraciones para explicar qué harías tú en ese caso. Usa el condicional. Answers will vary.

1. Tú eres el/la dueño/a de una empresa y te enteras de que tus empleados piensan que no ganan suficiente dinero.

2. Tú eres el/la gerente de una empresa y tus asesores te recomiendan tercerizar (*outsource*) los servicios que ofrece tu empresa a otro país donde los costos serían menores.

   _____

   _____

   _____

   _____

6 **¿Cómo sería tu trabajo ideal?** Describe cuáles serían tus responsabilidades, cómo sería el ambiente de trabajo, cómo sería la relación con tu jefe/a, cuánto dinero ganarías, etc. Escribe al menos seis oraciones y usa el condicional. Puedes usar las palabras de la lista. Answers will vary.

administrar	ganar bien	puesto	sueldo
ejecutivo/a	horas extra	secretario/a	vacaciones

   _____

   _____

   _____

   _____

   _____

   _____

   © by Vista Higher Learning, Inc. All rights reserved.

Nombre _____ Fecha _____

8.2 The past subjunctive

1 **Consejos para conseguir trabajo** Teresa le escribe a su amiga Carla una carta para darle consejos sobre cómo encontrar trabajo. Completa la carta que escribió con el imperfecto del subjuntivo de los verbos entre paréntesis.

Querida Carla:

Me pediste que te (1) _____diera_____ (dar) consejos para encontrar trabajo. Ya te dije que
(2) _____miraras_____ (mirar) el periódico todos los días y que (3) _____solicitaras_____ (solicitar)
todos los puestos que te (4) _____parecieran_____ (parecer) interesantes. Yo no creía que
(5) _____pudiera_____ (poder) encontrar nada interesante en el periódico, pero ahí encontré el
anuncio de la revista *La Semana*. A mí me aconsejaron que (6) _____revisara_____ (revisar) muy
bien mi currículum vitae y que (7) _____destacara_____ (destacar) mi experiencia en puestos similares
al que solicitaba. También me dijeron que era importante que (8) _____investigara_____ (investigar)
sobre la compañía antes de ir a la entrevista, para que las personas en la empresa (9) _____supieran_____
(saber) que tenía interés. Escríbeme pronto. (10) _____Quisiera_____ (querer) saber cómo te van las
entrevistas. Si tienes más preguntas, ya sabes dónde estoy.

Besos,

Teresa

2 **En el trabajo** Contesta las preguntas usando la información entre paréntesis.

1. ¿Qué te pidió el gerente? (reunirme con él)
   El gerente me pidió que me **reuniera** con él.

2. ¿Qué quería la dueña de la empresa? (candidatos / hablar con los empleados)
   La dueña de la empresa quería que los candidatos hablaran con los empleados.

3. ¿Qué sugirió la ejecutiva? (despedir al vendedor)
   La ejecutiva sugirió que despidieran al vendedor.

4. ¿Qué esperabas tú? (puesto / ser más interesante)
   Yo esperaba que el puesto fuera más interesante.

5. ¿Qué solicitó el sindicato? (la empresa / aumentar / sueldos)
   El sindicato solicitó que la empresa aumentara los sueldos.

3 **¿Qué piensas tú?** ¿Qué consejos le darías a una amiga tuya para una entrevista de trabajo? Escribe oraciones completas combinando elementos de las dos columnas. Usa el condicional y el imperfecto del subjuntivo. Answers will vary.

aconsejar	mostrar interés
decir	mostrar(se) profesional/auténtico
pedir	(no) preguntar sobre el salario
recomendar	sonreír
sugerir	vestirse muy bien

1. Le aconsejaría que se vistiera muy bien. _____
2. _____
3. _____
4. _____
5. _____

© by Vista Higher Learning, Inc. All rights reserved.

Lección 8 Estructura Activities

Lección 8

4 **¡Trabajo conseguido!** Carla encontró un buen trabajo en Uruguay. Imagina qué pasó en su primer día de trabajo y escribe oraciones completas combinando los elementos de las cuatro columnas. Usa el pretérito y el imperfecto del subjuntivo. Answers will vary.

asesor	decir	ayudar a preservar	contrato
dueño de la compañía	ordenar	financiar	ejecutivos
empleados	pedir	hablar	fábricas de automóviles
gerente	querer	reunirse	inversión
sindicato	recomendar	revisar	el medio ambiente
socios	sugerir	solicitar	nuevas tecnologías

1. Un asesor me pidió que me reuniera con los ejecutivos. _____

2. _____

3. _____

4. _____

5. _____

6. _____

5 **Primer día de trabajo** Tu amiga te escribe un mensaje de correo electrónico contándote sobre su primer día de trabajo. Escribe el mensaje usando la información de la actividad anterior y las palabras o frases de la lista. Usa el imperfecto del subjuntivo de al menos cinco verbos diferentes. Answers will vary.

buen sueldo	muy interesante
conferencia	nuevas tecnologías
ejecutivo/a	un poco estresante

¡Hola! Te quiero contar sobre mi primer día de trabajo. Mi jefa me pidió que me reuniera... _____

_____

_____

_____

_____

_____

_____

_____

_____

_____

_____

_____

Lección 8

 © by Vista Higher Learning, Inc. All rights reserved.

8.3 *Si* clauses with simple tenses

1   Situaciones Completa estas oraciones sobre situaciones hipotéticas con el verbo adecuado.

1. Si no _____encuentras_____ (encuentras / encontraras) trabajo, tendrás que trabajar para tu padre.

2. Si tuvieras más experiencia, no _____estarías_____ (estuvieras / estarías) en ese puesto.

3. Si la bolsa de valores _____bajara_____ (bajara / bajaría), perderíamos dinero.

4. Si _____ahorraras_____ (ahorras / ahorraras) algo, ahora no tendríamos tantas deudas.

5. Si el desempleo aumenta, _____habrá_____ (hay / habrá) más pobreza en el mundo.

6. Si los empleados fueran más eficientes, el trabajo ya _____estaría_____ (estuviera / estaría) terminado.

7. Si _____ganara_____ (gano / ganara) más, no cambiaría de empresa.

8. Si _____trabajas_____ (trabajaras / trabajas) duro, no te despedirán.

2   Conversación Jorge y Miguel hablan sobre cómo podría ser la vida. Completa su conversación con la forma correcta del condicional o del imperfecto del subjuntivo de los verbos.

JORGE Miguel, ¿qué te gustaría hacer si (1) _____tuvieras_____ (tener) más tiempo libre?

MIGUEL Me (2) _____encantaría_____ (encantar) viajar por toda Latinoamérica. De hecho, yo (3) _____podría_____ (poder) viajar si (4) _____consiguiera_____ (conseguir) el puesto de reportero. Si el jefe me (5) _____ascendiera_____ (ascender), yo te (6) _____nombraría_____ (nombrar) mi asistente personal y te (7) _____llevaría_____ (llevar) conmigo a hacer reportajes.

JORGE Si te ascendieran, yo me (8) _____quedaría_____ (quedar) con tu oficina, porque no sé si me (9) _____gustaría_____ (gustar) pasar todo el año viajando.

MIGUEL Piénsalo, si (10) _____fueras_____ (ser) mi ayudante, no (11) _____tendrías_____ (tener) que aguantar a un jefe como él.

JORGE Pero (12) _____tendría_____ (tener) que aguantarte a ti, que tampoco es fácil.

3   Si yo... Completa estas oraciones explicando qué hacías, harás o harías en estas situaciones. Answers will vary.

1. Si fuera el/la dueño/a de una empresa multinacional, _____

2. Si tuviera más ahorros, _____

3. Si hacía trabajo en casa, mi madre _____

4. Si consigo un trabajo, _____

5. Si invirtiera en la bolsa de valores, _____

6. Si ganara dinero, _____

7. Si gastara menos dinero, _____

8. Si tuviera una entrevista mañana, _____

© by Vista Higher Learning, Inc. All rights reserved.   **Lección 8 Estructura** Activities

4 **¿Qué harías?** ¿Qué harías si estuvieras en el lugar de estas personas? Usa el condicional y el imperfecto del subjuntivo. Answers will vary.

1. El/La multimillonario/a dueño/a de una fábrica de automóviles que está pensando en lanzar un carro híbrido

_____

2. El/La delegado/a del sindicato que visita una empresa que explota a los trabajadores

_____

3. El/La socio/a de una empresa de exportación en bancarrota

_____

4. Un(a) empleado/a que cobra el sueldo mínimo y va a ser despedido/a

_____

5. Un(a) ejecutivo/a incapaz que va a ser ascendido/a

_____

6. Un(a) candidato/a a un puesto alto en una empresa que tiene dificultades financieras

_____

5 **Dilemas** Elige una de estas cuatro situaciones y escribe un párrafo en el que describes lo que harías tú. Usa el condicional y el imperfecto del subjuntivo en tu respuesta. Answers will vary.

1. Te enteras por otra persona que un(a) amigo/a te dijo una mentira.

2. No puedes encontrar trabajo en tu propio país.

3. Tus padres no están de acuerdo con algo que tú quieres hacer.

4. Te acaban de despedir de tu trabajo por algo que tu mejor amigo/a hizo.

_____

_____

_____

_____

_____

_____

_____

_____

_____

_____

_____

_____

_____

_____

Lección 8

© by Vista Higher Learning, Inc. All rights reserved.

lectura

1   **Antes de leer** ¿Has buscado trabajo alguna vez? ¿En qué? ¿Cómo fue la búsqueda? Answers will vary.

_____

_____

_____

¿Quieres conseguir trabajo en Latinoamérica?

El proceso para conseguir trabajo en Latinoamérica tiene muchos aspectos similares al de los Estados Unidos. Un ejemplo es la búsqueda de empleo por Internet, en redes de contactos como Linkedin. Pero también existen muchas diferencias. Primero, el factor más importante en muchos países latinoamericanos es el tipo de conexiones que tiene la persona que está buscando trabajo. Por otra parte, el uso de los clasificados en el periódico para buscar empleo varía de país a país, pero en general se puede decir que es bastante común recurrir a este medio.

Las personas que solicitan empleo deben presentar un currículum, que probablemente no será tan conciso y que incluirá datos personales, tales como lugar y fecha de nacimiento, estado civil, y hasta una foto. Muchas veces las empresas requieren este tipo de información. Debido al alto nivel de desempleo, las empresas pueden ser exigentes (*demanding*) y poner muchas condiciones.

Las empresas también usan con frecuencia todo tipo de tests para seleccionar a sus empleados: por ejemplo, tests de personalidad, de conocimientos o de inteligencia. Y es común que al candidato se le hagan preguntas acerca de su estado civil, su salud, el número de hijos, si tiene carro, etc.

En las entrevistas se da mucha importancia a la apariencia personal, aunque siempre se le recomienda al candidato que se muestre seguro de sí mismo y de sus conocimientos.

Armado con toda esta información, ¿estás ya listo para iniciar tu búsqueda?

2   **Después de leer**

A. Comprensión Elige la opción correcta para completar estas oraciones según lo que leíste.

1. El factor más importante a la hora de buscar trabajo en muchos países latinoamericanos es tener _____.

   (a.) contactos   b. un currículum completo   c. más de cuarenta años

2. A veces las empresas ponen muchas condiciones y son muy exigentes porque _____.
   a. los candidatos no están capacitados
   (b.) hay muchos candidatos
   c. no quieren contratar personas con hijos

3. Las empresas usan tests de personalidad, de conocimientos o de inteligencia para _____ a los candidatos.
   a. despedir   (b.) seleccionar   c. ascender

4. Hacer preguntas personales en las entrevistas de trabajo es _____.
   (a.) usual   b. muy raro   c. ilegal

B. Diferencias Vuelve a leer el artículo y explica tres diferencias entre el proceso de búsqueda de trabajo en Latinoamérica y el proceso de búsqueda en tu país. Answers will vary.

1. _____

2. _____

3. _____

Lección 8

composición

Imagina que estás buscando trabajo en un país latinoamericano. Elige un país que te interese y escribe tu currículum vitae para solicitar trabajo en ese país. Aquí te presentamos un modelo. Answers will vary.

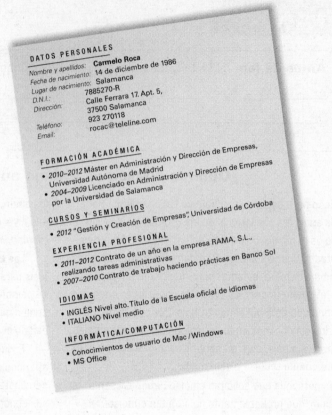

DATOS PERSONALES

Nombre y apellidos: **Carmelo Roca**
Fecha de nacimiento: 14 de diciembre de 1986
Lugar de nacimiento: Salamanca
D.N.I.:   7885270-R
Dirección: Calle Ferrara 17. Apt. 5,
                              37500 Salamanca
Teléfono: 923 270118
Email: rocac@teleline.com

FORMACIÓN ACADÉMICA
• 2010–2012 Máster en Administración y Dirección de Empresas, Universidad Autónoma de Madrid
• 2004–2009 Licenciado en Administración y Dirección de Empresas por la Universidad de Salamanca

CURSOS Y SEMINARIOS
• 2012 "Gestión y Creación de Empresas", Universidad de Córdoba

EXPERIENCIA PROFESIONAL
• 2011–2012 Contrato de un año en la empresa RAMA, S.L., realizando tareas administrativas
• 2007–2010 Contrato de trabajo haciendo prácticas en Banco Sol

IDIOMAS
• INGLÉS Nivel alto. Título de la Escuela oficial de idiomas
• ITALIANO Nivel medio

INFORMÁTICA/COMPUTACIÓN
• Conocimientos de usuario de Mac / Windows
• MS Office

PREPARACIÓN

Escribe las categorías que tu currículum va a tener. Considera cuatro como mínimo. Luego, en cada categoría, anota palabras y expresiones que se relacionen con cada una.

Categorías en el currículum vitae	Palabras y expresiones relacionadas con cada categoría

COMPOSICIÓN

El currículum vitae debe contener esta información:
• Información personal detallada (fecha y lugar de nacimiento, estado civil, etc.). Incluye información de contacto.
• Datos sobre cada categoría que elegiste: tu formación, experiencia, idiomas, etc.

_____
_____
_____
_____

© by Vista Higher Learning, Inc. All rights reserved.

Lección 8

Nombre _____   Fecha _____

1 **Definiciones** Elige la palabra de la lista que corresponde a cada definición.

censura	episodio	portada
cine	estrella	publicidad
diario	imprimir	redactor
documental	lector	televidente
emisora	locutor	titular

_locutor_____ 1. persona que habla ante el micrófono en un programa de radio

_emisora_____ 2. estación de radio

_documental_____ 3. película que informa sobre hechos reales

_publicidad_____ 4. anuncio comercial para atraer a posibles compradores, espectadores, oyentes, etc.

_televidente_____ 5. persona que mira televisión

_diario_____ 6. periódico que se publica todos los días

_redactor_____ 7. persona que trabaja en la oficina de un periódico y que escribe cosas que han pasado

_estrella_____ 8. artista de cine muy famoso/a

_lector_____ 9. persona que lee

_cine_____10. sala o edificio público en el que se exhiben películas

_titular_____11. texto que anuncia una noticia

_censura_____12. acto de prohibir que se transmita una película o se publique un libro o artículo

2 **La intrusa**

A. Identifica la palabra que no pertenece al grupo.

1. el televidente   la telenovela   el episodio   (la moda)

2. el crítico de cine   (la tira cómica)   los efectos especiales   la banda sonora

3. la portada   (el redactor)   la sección deportiva   la sección de sociedad

4. (la parcialidad)   el locutor   el oyente   la emisora

5. la reportera   (el público)   la noticia   el reportaje

6. (el canal)   el titular   el subtítulo   la prensa

B. Ahora escribe tres oraciones usando las palabras intrusas. Answers will vary.

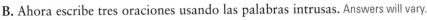

_____

_____

_____

© by Vista Higher Learning, Inc. All rights reserved.

Lección 9 Contextos Activities

Lección 9

3 Palabras perdidas Lee tres conversaciones entre personas que trabajan en distintos medios de comunicación. Completa cada una con las palabras de la lista.

actor	chismes	oyente	radio
al tanto	episodio	programa	rodarlo
banda sonora	estrella	público	telenovela

A —Están todos los actores menos nuestra (1) _____estrella_____. ¿Dónde está?

—Se fue, señor.

—¿Cómo que se fue? Le dije que el (2) _____episodio_____ final de la telenovela no está bien. Tenemos que (3) _____rodarlo_____ nuevamente.

B —¡Atención! Un (4) _____oyente_____ nos llama. Hola. ¿Quién está en la línea?

—Hola, Mario. Me llamo Pedro y quería felicitarte por tu (5) _____programa_____. Me encanta escuchar la (6) _____radio_____ y es más interesante desde que comenzaste con *Música a tu medida*.

—¡Muchas gracias, Pedro! ¿Qué tema te gustaría escuchar?

C —¿Es cierto que la actriz principal de la (7) _____telenovela_____ *Ladrón de amor* y tú tienen una relación amorosa?

—Lo siento. No hay comentarios.

—El (8) _____público_____ te admira y quiere saberlo. Tienes una obligación con tus admiradores, que quieren estar (9) _____al tanto_____ de tu vida.

—Mi obligación es impedir que inventes (10) _____chismes_____.

4 Mi serie favorita Completa el párrafo con palabras y expresiones adecuadas del vocabulario de esta lección.

Mi serie de (1) _____televisión_____ favorita era *Los Serrano*. Era una serie tan buena que duró ocho temporadas. El estreno se (2) _____transmitió_____ el 22 de abril de 2003 y desde ese primer (3) _____episodio_____ tuvo un gran éxito entre el (4) _____público_____ joven porque siempre trataba temas de la (5) _____actualidad_____ con un toque de humor. La verdad es que los actores no tenían mucho talento, pero como la serie se transmitía (6) _____en directo/vivo_____, las situaciones espontáneas eran más divertidas y reales. Lo que no me gustaba mucho de *Los Serrano* eran todas las pausas que hacían para los (7) _____anuncios_____; tanta publicidad siempre me hacía cambiar de (8) _____canal_____. Sin embargo, la serie conseguía mantenerme pegado a la pantalla de mi televisor cada semana. ¡Necesitaba saber si al final Marcos y Eva iban a terminar juntos!

5 Una estrella Escribe una breve biografía de una estrella muy famosa. Usa por lo menos seis palabras o frases de la lista. Answers will vary.

celebridad	controvertido	enterarse	fama	influyente
chisme	en vivo	estar al tanto	hacerse famoso/a	portada

_____

_____

_____

_____

© by Vista Higher Learning, Inc. All rights reserved.

estructura

9.1 The present perfect subjunctive

1 **Una película censurada** La última película del director Leopoldo Trujillo fue censurada. Completa la conversación entre el señor Trujillo y su amiga Ángela sobre la censura de su película. Usa los verbos de la lista.

hayan censurado	haya estado	haya opuesto
ha cuidado	han formado	ha sido
han cuidado	has formado	haya sido
haya dejado	ha influido	hayamos vuelto

LEOPOLDO No me sorprende que los miembros del Instituto de Cinematografía

(1) ___hayan censurado___ la película.

ÁNGELA ¡Qué mala suerte! Lo siento mucho.

LEOPOLDO Pero dudo que el presidente del Instituto (2) ___haya estado___

de acuerdo con la censura. Creo que (3) ___ha sido___ presionado.

ÁNGELA No estoy seguro de que (4) ___haya sido___ presionado. Pienso que te

(5) ___has formado___ una opinión equivocada de él.

LEOPOLDO ¿No crees que el presidente se (6) ___haya opuesto___ a la censura?

ÁNGELA No pienso que él se (7) ___haya dejado___ convencer por la opinión de otros. Creo

que tiene mucho poder y él siempre (8) ___ha cuidado___ mucho su imagen pública.

2 **Censura** El director Leopoldo Trujillo está muy enojado por la censura de su película. Por eso, decide escribir una carta abierta y publicarla en un diario. Completa la carta con la forma apropiada del pretérito perfecto del subjuntivo de los verbos entre paréntesis.

Quienes (1) ___se hayan enterado___ (enterarse) de la decisión de censurar mi película sabrán por qué escribo esta carta.

Espero que todo el público (2) ___haya sentido___ (sentir) el mismo enojo que yo sentí. Lamentablemente, dudo que muchos colegas (3) ___se hayan enojado___ (enojarse). No estoy seguro de que los que me apoyan (4) ___se hayan puesto___ (ponerse) tan furiosos como yo, pero sé que algunos colegas se han alegrado. Y esto es muy triste para mí.

Me molesta mucho que el Instituto de Cinematografía (5) ___haya llegado___ (llegar) a esta decisión. Pero me molesta más que todos los miembros del Instituto (6) ___hayan firmado___ (firmar) la decisión. El Instituto opina que la película tiene muchas escenas violentas. Pero yo sólo he tratado de representar una época. No puedo evitar que en esa época (7) ___haya habido___ (haber) tanta violencia.

Por otra parte, no creo que la película se (8) ___haya evaluado___ (evaluar) imparcialmente. Pero lo más terrible es que todavía exista la censura. Que nosotros (9) ___hayamos sido___ (ser) tratados como niños en el pasado no quiere decir que seguiremos permitiéndolo en el futuro. Somos capaces de evaluar, criticar, pensar y decidir. ¡Defendamos nuestro derecho a la libertad de expresión!

Lección 9

© by Vista Higher Learning, Inc. All rights reserved.   **Lección 9 Estructura** Activities   **83**

3 **Discusión** Un director de cine discute con Francisco Madero, el presidente del Instituto de Cinematografía. Completa la conversación con el opuesto de lo que dice el director. Utiliza el pretérito perfecto del subjuntivo o del indicativo, según corresponda. Sigue el modelo. Answers will vary.
Suggested answers:

> **modelo**
>
> **DIRECTOR** Creo que el Instituto no ha sido imparcial con mi película.
> **FRANCISCO** *No creo que el Instituto haya sido parcial.*

DIRECTOR ¿Por qué? Dudo que la película haya exagerado los hechos.

FRANCISCO (1) No dudo que la película ha exagerado los hechos. Deberías estudiar más historia.

DIRECTOR Pienso que tú has leído sólo una parte de la historia verdadera.

FRANCISCO (2) No pienso que yo haya leído sólo una parte de la historia verdadera. Insisto en que la película ha exagerado los hechos.

DIRECTOR No creo que esta situación haya terminado.

FRANCISCO (3) Creo que esta situación ha terminado. Mejor dicho, ¡no hay nada más que discutir!

DIRECTOR Pienso que me has engañado.

FRANCISCO (4) No pienso que te haya engañado. Creo que tú nunca has llegado a conocer mis ideas.

DIRECTOR Y yo creo que es cierto que no te ha importado mi amistad.

FRANCISCO (5) No es cierto que no me haya importado tu amistad. Pero mi trabajo es mi trabajo.

DIRECTOR No estoy seguro de que al público le haya gustado la decisión.

FRANCISCO (6) Estoy seguro de que al público le ha gustado la decisión. De lo contrario, estaría protestando.

4 **Protesta** Cientos de personas comenzaron a protestar contra la censura. El Instituto de Cinematografía organizó una reunión para reconsiderar su decisión. Completa los comentarios que hacen algunos manifestantes. Utiliza el pretérito del subjuntivo o el pretérito perfecto del subjuntivo, según corresponda.

1. "Es increíble que en el siglo XXI se __haya prohibido/prohíba__ (prohibir) una película".

2. "Es necesario que __exista__ (existir) un solo tipo de censura: pedimos que se __prohíba__ (prohibir) la censura".

3. "Esperamos que el Instituto __haya revisado__ (revisar) su decisión en la reunión que acaba de terminar".

4. "Esperamos también que en la reunión se __haya reconsiderado__ (reconsiderar) la censura".

5. "Ojalá que esta mañana los miembros del Instituto __hayan reflexionado__ (reflexionar) más profundamente sobre esta situación y que __hayan decidido__ (decidir) renunciar a sus cargos".

6. "Preferimos que de ahora en adelante el Instituto Cinematográfico __elija__ (elegir) miembros que __defiendan__ (defender) la libertad de expresión".

 © by Vista Higher Learning, Inc. All rights reserved.

Lección 9

9.2 Relative pronouns

1 **Descripciones** Empareja estas palabras con las descripciones correspondientes.

1. la estrella del pop _____ c _____
2. la banda sonora _____ d _____
3. el crítico de cine _____ e _____
4. los oyentes _____ f _____
5. los subtítulos _____ a _____
6. el periodista _____ b _____

a. el texto escrito que aparece en la pantalla con una traducción o transcripción de lo que escuchamos

b. la persona cuyo trabajo se desempeña en un periódico, revista o programa de televisión

c. la persona a quien todos piden autógrafos

d. la música que acompaña a una película

e. la persona que escribe la crítica de las películas

f. las personas que escuchan los programas de radio

2 **Un profesor paraguayo** Eduardo, un profesor que enseña español en los Estados Unidos, está hablando con sus estudiantes sobre su país y su cultura. Completa lo que dice con los pronombres relativos **que, quien y cuyo/a.**

1. Yo soy de Paraguay, _____ cuya _____ capital es Asunción.

2. El guaraní es la lengua _____ que _____ hablan casi todas las personas en Paraguay.

3. En Paraguay, yo trabajaba como profesor bilingüe en un instituto _____ que _____ se especializa en la enseñanza de lenguas extranjeras.

4. Los paraguayos nos refrescamos con una bebida _____ cuyo _____ nombre es *tereré*.

5. Un día invitaré a la clase a una profesora amiga mía a _____ quien _____ le interesa la tradición oral guaraní.

6. A mi madre, _____ quien/que _____ es uruguaya, le encanta hablar guaraní.

3 **El mate** Un estudiante paraguayo invita a sus amigos estadounidenses a una mateada y les habla del mate. Completa sus explicaciones con la opción correcta.

1. El mate es la bebida _____ que _____ (que/cual/cuyo) más nos gusta.

2. La calabaza y la bombilla son los instrumentos _____ con los que _____ (cuyos/con los que/quienes) preparamos el mate.

3. La yerba contiene mateína, _____ que _____ (la que/lo que/que) es una sustancia similar a la cafeína, pero que no afecta el sueño.

4. El mate es una bebida _____ cuyos _____ (que/cuyos/cuyo) beneficios para la salud son numerosos porque contiene vitaminas y antioxidantes, y no quita el sueño.

5. El tereré, _____ cuyo _____ (que/quien/cuyo) nombre proviene del guaraní, es una bebida _____ que _____ (quien/que/la que) refresca mucho. Esta bebida es la variante fría del mate. En Paraguay, decimos que es un amigo _____ con quien _____ (con que/cuyo/con quien) compartimos momentos buenos y malos.

6. Los compañeros de la escuela _____ en la que _____ (en la que/cuya/con el cual) estudio en Paraguay siempre toman tereré en los recreos (*breaks*).

Lección 9

© by Vista Higher Learning, Inc. All rights reserved. **Lección 9 Estructura** Activities **85**

4 **Don Francisco** Completa este breve texto sobre don Francisco con los pronombres relativos de la lista. Algunos pronombres se repiten.

a quien	cuya	en la que	que
con el que	de los que	la que	quien

Don Francisco, (1) _____quien/que_____ es paraguayo, tiene una amiga (2) _____a quien_____ admira mucho y (3) _____que_____ es una experta en la tradición oral guaraní. Don Francisco, (4) _____cuya_____ familia materna era uruguaya, es un enamorado de las tradiciones de su país. Los aspectos culturales (5) _____de los que_____ más ha hablado a sus amigos son el idioma y el mate. En Paraguay, se suele tomar frío y se llama *tereré*. Para Francisco, esta bebida es (6) _____la que_____ mejor simboliza la identidad cultural del paraguayo. Otra cuestión (7) _____que_____ le interesa mucho es el guaraní, lengua (8) _____en la que/que_____ él mismo escribe y habla.

5 **¡A emparejar!** Completa las oraciones de la lista A con las cláusulas de la lista B.

A.

1. Mi amigo el locutor, _____d_____, está a punto de empezar un nuevo programa de radio.
2. Ese canal _____e_____ pertenece a una cadena de televisión independiente.
3. Mis padres, _____c_____, van a ir al Carnaval de Cádiz este año.
4. El corresponsal, _____b_____, normalmente trabaja para la televisión o el periódico.
5. Me encanta la horchata _____a_____.
6. Los periodistas _____f_____ en la redacción son muy jóvenes y dinámicos.

B.

a. que hace mi madre

b. cuyo trabajo consiste en enviar noticias de actualidad desde un país extranjero

c. a quienes quiero mucho

d. con quien me llevo muy bien

e. que emite las veinticuatro horas en español

f. con los que trabajo

6 **Un poco de cultura** Completa las descripciones sobre estas personas, lugares o cosas. Utiliza cláusulas explicativas y las palabras de la lista. Añade toda la información que quieras. Answers will vary. Sample answers:

actriz y cantante	capital de Uruguay	estilo musical
bebida muy popular	escritor uruguayo	una fiesta tradicional

1. Natalia Oreiro, _____que es una actriz y cantante_____, ha protagonizado la telenovela *Muñeca brava*.
2. Inca Kola, _____que es una bebida muy popular_____, tiene un sabor muy dulce.
3. Eduardo Galeano, _____que es un famoso escritor uruguayo_____, es el autor de *Bocas del tiempo*.
4. En Montevideo, _____que es la capital de Uruguay_____, las personas son muy aficionadas al mate.
5. El candombe, _____que es un estilo musical_____, proviene de los ritmos africanos de los esclavos de la época colonial.
6. El Carnaval, _____que es una fiesta tradicional_____, llena las calles de gente, música y murgas.

 © by Vista Higher Learning, Inc. All rights reserved.

Lección 9

9.3 The neuter *lo*

1 **Las telenovelas** Lee este texto escrito por la protagonista de la telenovela *Hombre y mujer* y completa las oraciones con **lo** o **lo que**.

"En una telenovela, (1) _____lo_____ difícil es entretener al público y conseguir que éste mire la telenovela todos los días. (2) _____Lo_____ bueno es que ese público puede ser muy fiel. (3) _____Lo que_____ más me gusta del rodaje es el contacto diario con los compañeros y (4) _____lo que_____ menos me gusta es tener que madrugar tanto para rodar varios episodios al día. (5) _____Lo_____ más positivo de mi experiencia como actriz de telenovelas es que todo el mundo te conoce por la calle, aunque eso es también (6) _____lo_____ más negativo porque, si interpretas un personaje malvado (*evil*), todo el mundo piensa que eres una persona malvada en la vida real. Yo siempre quiero saber (7) _____lo que_____ mi madre piensa de mi personaje".

2 **La radio** ¿Qué le contaría sobre su profesión un(a) locutor(a) de radio a un(a) estudiante que quiere estudiar periodismo? Lee las preguntas y escribe las posibles respuestas que daría el/la locutor(a). Escribe oraciones que comiencen con **lo** o **lo que**. Answers will vary.

1. ¿Qué es lo que más le gusta de su trabajo?
   Lo que más me gusta es poder compartir con otros mi música favorita.

2. ¿Qué es lo más difícil en su trabajo?
   _____

3. ¿Qué es lo que más le molesta de su profesión?
   _____

4. ¿Qué es lo más interesante de ser locutor(a)?
   _____

5. ¿Qué es lo más aburrido de su trabajo?
   _____

3 **Lo mejor y lo peor** Ahora escribe tú una lista sobre lo mejor y lo peor de ser un(a) cantante de moda o una celebridad. Piensa en cinco ventajas y cinco desventajas. ¡Sé creativo/a! Answers will vary.

Lo mejor

Lo peor

Lo mejor de ser cantante es...

_____   _____

_____   _____

_____   _____

_____   _____

© by Vista Higher Learning, Inc. All rights reserved.

Lección 9 Estructura Activities   **87**

Lección 9

4 **Corresponsal en Uruguay** Álvaro, un reportero de Miami, fue destinado el año pasado a la ciudad de Montevideo. Completa los pensamientos de Álvaro usando **lo** y las palabras de la lista.

bellos	cómodo	educada	feliz	hermosa
bien	difícil	fácil	grande	monumental

1. Me dijeron _____lo difícil_____ que sería mi trabajo y es cierto que tengo que trabajar mucho, pero no me dijeron _____lo fácil_____ que es adaptarse a la vida aquí. ¡Me sentí como en casa desde el principio!

2. Me asombra _____lo hermosa_____ que es la ciudad, con sus parques y su arquitectura, y _____lo simpática_____ que es la gente aquí. Te ayudan con cualquier problema.

3. Me parece increíble _____lo bien_____ que circula el tráfico a pesar de _____lo grande_____ que es la ciudad.

4. Parece mentira _____lo bellos_____ que son los edificios de la Avenida Dieciocho de Julio y _____lo monumental_____ que es la Ciudad Vieja, tan llena de historia.

5. Aún no me puedo creer _____lo cómodo/lo feliz_____ que vivo aquí y _____lo feliz/lo cómodo_____ que estoy.

5 **¿Le molesta o le gusta?** Según nuestra profesión, personalidad o edad, nos gustan o no ciertas cosas. Escribe oraciones contando lo que les gusta o les molesta a estas personas. Usa las palabras de la lista.

Answers will vary.

> **modelo**
> locutora de una radio estudiantil: gustar - molestar/contar chismes por la radio
> *Lo que le molesta a la locutora de la radio estudiantil es contar chismes por la radio.*

1. estrella de una comedia de televisión: agradar - desagradar/no salir en las revistas

_____

2. estudiante de español: encantar - detestar/una novela larga y aburrida

_____

3. periodista deportivo: gustar - molestar/comentar los partidos de fútbol americano de las escuelas secundarias

_____

4. redactor de un periódico: preocupar - no preocupar/los titulares para la portada

_____

5. el reportero: encantar - detestar/ser el primero en descubrir una noticia

_____

6 **¡Me asombra lo listo que soy!** Escribe oraciones con **lo** + *adjetivo/adverbio* + **que** combinando los elementos. Haz los cambios que sean necesarios.

1. Cristina / asombrarse / la redacción del periódico está muy lejos
Cristina se asombra de lo lejos que está la redacción del periódico.

2. El público / sorprenderse de / la telenovela es muy divertida
El público se sorprende de lo divertida que es la telenovela.

3. El público / burlarse de / la telenovela es muy melodramática
El público se burla de lo melodramática que es la telenovela.

4. Lucía / no poder creer / es muy difícil componer una buena banda sonora
Lucía no puede creer lo difícil que es componer una buena banda sonora.

5. Ser increíble / las películas comerciales son muy malas
Es increíble lo malas que son las películas comerciales.

6. Ser sorprendente / los subtítulos se leen muy bien
Es sorprendente lo bien que se leen los subtítulos.

 © by Vista Higher Learning, Inc. All rights reserved.

lectura

1 **Antes de leer**

¿Qué es lo que más te gusta de la tecnología? ¿Qué es lo que menos te gusta? Answers will vary.

_____

_____

_____

Tecnología portátil

La tecnología llegó a nuestras vidas para quedarse. Ya no necesitamos ir a una biblioteca o cargar libros para tener toda la cultura del mundo en nuestras manos. Dispositivos como el iPad o el Kindle traen a nuestras vidas todo un mundo por descubrir.

El Kindle nos permite leer libros electrónicos en diferentes formatos y descargarlos desde diferentes portales. El iPad es una pequeña computadora con características únicas que nos permite ver videos, revisar el correo electrónico, navegar en Internet, entre otras.

Estas innovaciones tecnológicas han hecho más fácil la vida de muchas personas, sobre todo la de los más jóvenes, quienes son menos temerosos° a estos nuevos dispositivos. Permiten un acceso a la información más simple, se pueden usar en cualquier lugar, ya que son portátiles y ligeros. Además, son muy útiles para labores como estudiar y ¡hasta trabajar!

Aunque seguramente en poco tiempo habrá nuevos avances tecnológicos que nos sorprendan aun más, ya tenemos a nuestro alcance nuevas opciones para llevar información a todas partes y divertirnos al mismo tiempo.

temerosos _fearful_

2 **Después de leer**
A. Comprensión

1. Según la lectura, ¿por qué no necesitamos ir a la biblioteca?
   Porque existen dispositivos como el iPad y el Kindle.

2. ¿Qué dos dispositivos tecnológicos se mencionan en la lectura?
   El iPad y el Kindle.

3. ¿Cuáles son las características del iPad?
   Nos permite ver videos, revisar el correo electrónico, navegar en Internet, entre otras.

4. ¿Qué ventajas tienen estas innovaciones tecnológicas?
   Han hecho más fácil la vida de muchas personas, permiten un acceso a la información más simple, se pueden
   usar en cualquier lugar y son muy útiles.

B. ¿Y tú? Answers will vary.

1. ¿Prefieres los libros impresos o los libros digitales? ¿Por qué?

   _____

2. ¿Conoces otras herramientas tecnológicas similares? ¿Cuál es tu preferida?

   _____

Lección 9

© by Vista Higher Learning, Inc. All rights reserved.

composición

Imagina que eres inventor(a). Piensa en el dispositivo tecnológico perfecto. Tú serás el/la creador(a).

Answers will vary.

PREPARACIÓN

Básate en los siguientes puntos para crear listas de las palabras clave que utilizarás en tu composición.

- Explica qué puedes hacer con este dispositivo: Trabajar, estudiar, diseñar, detectar metales... ¡Sé creativo/a!

- Escribe una lista de accesorios con los que el dispositivo cuenta (cámara web, micrófono, puertos USB, rayos X, etc.)

- Incluye información con respecto al precio, lugares donde se puede adquirir, etc.

Usos: _____

_____

Accesorios: _____

_____

Información adicional: _____

_____

COMPOSICIÓN

Ahora escribe una composición en la que expliques cómo funciona tu nuevo dispositivo. Usa oraciones completas y la información que usaste en **PREPARACIÓN**. Continúa en una hoja aparte. Lleva tu composición a clase para compartirla con tus compañeros.

_____

_____

_____

_____

_____

_____

_____

_____

_____

_____

_____

_____

   © by Vista Higher Learning, Inc. All rights reserved.

Lección 9

contextos

Lección 10
La literatura y el arte

1 Palabras escondidas

A. Ordena las letras para formar palabras relacionadas con la literatura.

1. IAMR

R	I	M	A
	4	13	11

2. DOARARNR

N	A	R	R	A	D	O	R
7	2			12	23	15	

3. TGRÁICO

T	R	Á	G	I	C	O
8	24	18		14	1	21

4. SEVRO

V	E	R	S	O
		9		

5. TAFSORE

E	S	T	R	O	F	A
19	16				6	

6. ASROP

P	R	O	S	A
		10		20

7. REUNATMOG

A	R	G	U	M	E	N	T	O
22			3	17	5			

B. Completa este verso del famoso poeta Antonio Machado copiando las letras de la parte A que tienen números debajo de cada casilla.

C	A	M	I	N	A	N	T	E
1	2	3	4	5	6	7	8	9

N	O
7	10

H	A	Y
	11	

C	A	M	I	N	O
1	12	13	14	7	15

,

S	E
16	17

H	A	C	E
	18	1	19

C	A	M	I	N	O
1	20	3	14	7	21

A	L
22	

A	N	D	A	R
20	7	23	12	24

2 Definiciones Conecta cada palabra con su definición.

___b___ 1. biografía

___g___ 2. novela rosa

___f___ 3. dramaturgo/a

___a___ 4. novelista

___c___ 5. autorretrato

___d___ 6. cubismo

a. autor(a) de novelas

b. obra literaria sobre la vida de una persona

c. retrato que un(a) pintor(a) pinta de sí mismo/a

d. movimiento artístico que se basa en formas geométricas

f. persona que escribe obras de teatro

g. novela romántica y por lo general dramática

3 Más definiciones Elige seis palabras y escribe una breve definición para cada una. Answers will vary.

abstracto/a	ensayista	diseñar	llamativo/a	surrealismo
argumento	escultura	inquietante	realista	verso

1. _____

2. _____

3. _____

4. _____

5. _____

6. _____

© by Vista Higher Learning, Inc. All rights reserved.

Lección 10

4 **Un evento cultural** Marta y Adrián están conversando sobre lo que tienen que hacer antes de que empiece la semana cultural en la Ciudad de México. Completa la conversación con las palabras de la lista.

biografías	género literario	poesía
Contemporáneo	hojear	poeta
cuadros	obras	policíaca
escultores	pintores	prosa

ADRIÁN ¡Qué bien que este año la *Semana Cultural de la Ciudad de México* va a estar muy cerca de nuestra oficina!

MARTA Sí, es la próxima semana; estoy emocionadísima. Tengo que entrevistar a varios (1) _____pintores_____ y (2) _____escultores_____ famosos y necesito antes ir al museo a estudiar sus (3) _____obras_____ de arte. Algunos de sus (4) _____cuadros_____ y esculturas están expuestos en el Museo de Arte (5) _____Contemporáneo_____.

ADRIÁN También sería buena idea que leyeras sus (6) _____biografías_____. Yo también tengo que entrevistar a un (7) _____poeta_____ y no sé que hacer porque la entrevista es mañana y no he tenido tiempo de leer sus poemas.

MARTA Por lo menos deberías (8) _____hojear_____ algunos de sus libros para saber de qué se tratan, ¿no?

ADRIÁN La verdad es que la (9) _____poesía_____ no es mi (10) _____género literario_____ favorito, prefiero la (11) _____prosa_____. Por ejemplo, ¡una buena novela (12) _____policíaca_____ con el misterio de un asesinato que hay que resolver!

MARTA Suerte, Adrián. Necesito conseguir un programa, no quiero perderme ningún acto cultural.

5 **Programa cultural** Imagina que eres el/la organizador(a) de la Semana Cultural de tu escuela. Escribe un artículo sobre el evento incluyendo al menos diez palabras de la lista. Answers will vary.

abstracto	de buen gusto	movimiento	pintor
al estilo de	didáctico	novela rosa	protagonista
artesano	dramaturgo	novelista	surrealismo
autobiografía	literatura infantil	obra de arte	tratarse de

_____

_____

_____

_____

_____

_____

_____

_____

 © by Vista Higher Learning, Inc. All rights reserved.

estructura

10.1 The future perfect

1 **¿Qué habrán hecho?** Elena y su amiga Ana han estado de vacaciones en el Perú. Antonio, un amigo, las está esperando en el aeropuerto. Mientras espera, él imagina lo que ellas habrán hecho durante sus vacaciones. Completa lo que Antonio piensa, usando el futuro perfecto.

Estoy seguro de que ellas lo (1) _____habrán pasado_____ (pasar)
muy bien. Creo que (2) _____se habrán quedado_____ (quedarse) en el
club deportivo que les recomendaron. Allí, organizan actividades
culturales y seguro que ellas también (3) _____se habrán entretenido_____
(entretenerse) visitando museos y yendo al teatro. ¡Qué envidia!
¡Y yo aquí trabajando las veinticuatro horas del día!
¿(4) _____Habrá visto_____ (ver) Elena a sus parientes? No sé
si ella (5) _____habrá tenido_____ (tener) tiempo para visitarlos.
Al final, ellas (6) _____habrán decidido_____ (decidir) quedarse en la
costa. Ellas (7) _____habrán ido_____ (ir) a espectáculos todas
las noches y (8) _____se habrán relajado_____ (relajarse) leyendo en
la playa.

Lima, Perú

2 **Obra de teatro** Los estudiantes de teatro están preparando una obra. Completa la conversación con el futuro perfecto de los verbos de la lista.

aprender	ensayar	salir
decir	guardar	terminar

CARMEN La semana que viene se estrena la obra de teatro. ¡Estoy muy nerviosa porque no sé si
para ese día (1) _____habré terminado_____ de estudiar mi papel!

PROFESOR Y ustedes, ¿(2) _____habrán aprendido_____ bien sus papeles para entonces?

CRISTINA Sí, profesor, por supuesto, los tendremos totalmente aprendidos. ¿Por casualidad,
(3) _____habrá guardado_____ usted los boletos para nuestras familias?

PROFESOR Uy, se me olvidó. No guardé nada, pero no se preocupen, que todo está arreglado.

NICOLÁS Marcela ya avisó que no podrá presentar la obra.

CARMEN ¿Y qué le (4) _____habrán dicho_____ los demás? ¿Se enojaron con ella?

NICOLÁS No hay problema; ahora el presentador de la obra es Gustavo.

CARMEN ¿(5) _____Habrá ensayado_____ bien lo que va a decir?

NICOLÁS ¡Más le vale! Y dentro de una semana nosotros ya
(6) _____habremos salido_____ a festejar el éxito de la obra de teatro.

© by Vista Higher Learning, Inc. All rights reserved. **Lección 10 Estructura** Activities

Lección 10

3 **Suposiciones** Cristian está en el aeropuerto y está un poco nervioso porque sus amigas Elena y Ana no llegan. Escribe las suposiciones que hace Cristian usando el futuro perfecto.

1. Elena y Ana no han llegado todavía.
   Elena y Ana no habrán llegado todavía.

2. Ellas aterrizaron muy pronto y tomaron un taxi.
   Ellas habrán aterrizado muy pronto y habrán tomado un taxi.

3. Se olvidaron de que yo iba a recogerlas al aeropuerto.
   Se habrán olvidado de que yo iba a recogerlas al aeropuerto.

4. Me equivoqué de aeropuerto.
   Me habré equivocado de aeropuerto.

5. Ana cambió el boleto para quedarse en Chile más tiempo.
   Ana habrá cambiado el boleto para quedarse en Chile más tiempo.

6. Tuvieron un accidente de camino al aeropuerto.
   Habrán tenido un accidente de camino al aeropuerto.

7. ¡Ana visitó una galería de arte y se enamoró de un pintor chileno!
   ¡Ana habrá visitado una galería de arte y se habrá enamorado de un pintor chileno!

8. ¡Elena decidió quedarse en Chile para terminar allí su novela!
   ¡Elena habrá decidido quedarse en Chile para terminar allí su novela!

4 **En veinte años...** Imagina que en los próximos veinte años te conviertes en un(a) escritor(a) famoso/a. Utiliza las palabras de la lista para expresar lo que habrá sucedido en tu vida dentro de veinte años. Usa el futuro perfecto. Answers will vary.

autobiografía	de mal gusto	escribir	novelista
casarse	de terror	escultor	obra de arte
ciencia ficción	diseñar	movimiento	pintor
cubismo	ensayista	novela rosa	tener

_____

_____

_____

_____

_____

_____

_____

_____

_____

 © by Vista Higher Learning, Inc. All rights reserved.

10.2 The conditional perfect

1   **Exposición de arte**   Raúl y Julia acaban de regresar de una exposición de arte chileno y piensan en cómo la exposición y su visita podrían haber sido diferentes. Completa sus comentarios con el condicional perfecto.

1. La exposición _____habría tenido_____ (tener) más éxito si hubiera estado en el centro de la ciudad.
2. Nos _____habría gustado_____ (gustar) hablar con los artistas.
3. Nosotros _____habríamos hecho_____ (hacer) una entrevista a los pintores si hubiéramos tenido la oportunidad.
4. Los escultores _____habrían vendido_____ (vender) más esculturas en otra galería.
5. Una colección de arte contemporáneo _____habría sido_____ (ser) más inquietante.
6. Incluir murales en la exposición _____habría atraído_____ (atraer) a más público.

2   **Más críticas**   Raúl y Julia le comentan a su amigo José que la exposición de arte chileno fue un fracaso y le piden su opinión. Lee los comentarios y escribe lo que José habría hecho en cada caso.

Answers will vary. Sample answers:

1. No había muchas pinturas al óleo.
   (exponer) Yo habría expuesto más pinturas al óleo.

2. Había demasiado arte impresionista.
   (incluir) Yo habría incluido arte moderno y abstracto.

3. Las pinturas no eran muy llamativas.
   (seleccionar) Yo habría seleccionado pinturas más llamativas con colores brillantes.

4. Los artistas no eran populares.
   (invitar) Yo habría invitado a artistas populares únicamente.

5. No hicieron mucha publicidad de la exposición.
   (anunciar) Yo habría anunciado la exposición por todos los medios de comunicación.

6. Todas las obras eran de colores luminosos.
   (elegir) Yo habría elegido obras con colores menos luminosos.

3   **Tu opinión**   ¿Qué habrías hecho tú para que esta exposición hubiera tenido más éxito? Revisa las dos actividades anteriores y escribe seis oraciones con tus ideas usando el condicional perfecto.

Answers will vary.

> **modelo**
> *Yo habría incluido música en vivo.*

_____

_____

_____

_____

_____

_____

Lección 10

4 **Ponerse en el lugar** Contesta las preguntas haciendo especulaciones sobre cada una de estas situaciones. Usa el futuro perfecto o el condicional perfecto en tus respuestas. Answers will vary.

1. ¿Qué le habrá pasado a este escritor?

   _____
   _____
   _____

3. ¿Qué habrá sentido el pintor?

   _____
   _____
   _____

5. ¿Qué le habrá dolido a la bailarina?

   _____
   _____
   _____

2. ¿Quién le habría dado tanto dinero?

   _____
   _____
   _____

4. ¿Qué habría pensado el otro hombre?

   _____
   _____
   _____

6. ¿Qué habrían hecho las bailarinas con su compañera lastimada?

   _____
   _____
   _____

5 **¿Y tú?** Imagina que estás en la situación de cada uno de los personajes de la **actividad 4.** ¿Qué habrías hecho en cada caso? Escribe dos oraciones para cada situación usando el condicional perfecto y al menos cuatro palabras de la lista. Answers will vary.

clásico	directora	literatura juvenil	reflejar
de mal gusto	entrevista	pincel	telón (*curtain*)
dibujar	escenario	protagonista	trágico

_____
_____
_____
_____
_____
_____
_____
_____
_____
_____
_____

 © by Vista Higher Learning, Inc. All rights reserved.

10.3 The past perfect subjunctive

1 **Reproches** El director de una escuela de arte no está nada contento con la obra de teatro que representaron los estudiantes y, por eso, se reunió con los profesores. Completa los comentarios del director y de los profesores usando el pluscuamperfecto del subjuntivo.

1. Me decepcionó (*disappointed*) mucho que la obra no _____hubiera tenido_____ (tener) más éxito.

2. Es posible que la obra _____hubiera estado_____ (estar) mejor con Ramón como protagonista.

3. No podía creer que los estudiantes no _____hubieran memorizado_____ (memorizar) sus papeles.

4. Me molestó mucho que ustedes no _____hubieran preparado_____ (preparar) mejor a sus estudiantes.

5. Esperaba que _____hubiera venido_____ (venir) más público a ver la obra.

6. Los estudiantes habrían trabajado más si nosotros _____hubiéramos insistido_____ (insistir) en que debían hacerlo.

7. Si nosotros _____hubiéramos ensayado_____ (ensayar) más, la obra no habría sido un fracaso total.

8. Me molestó que los estudiantes no _____hubieran demostrado_____ (demostrar) su talento.

2 **Comentarios de un profesor envidioso** El profesor de teatro está envidioso porque las presentaciones de los talleres de literatura y pintura tuvieron más éxito que la obra de teatro. Lee los comentarios que le hace a su esposa sobre lo que siente y elige la forma verbal correcta para cada caso.

1. No creo que los estudiantes (hayan pintado / hubieran pintado) _____hayan pintado_____ todos esos cuadros.

2. Me sorprendió que los textos del taller de literatura (hayan tenido / hubieran tenido) _____hubieran tenido_____ errores gramaticales.

3. Era poco probable que los cuadros (hayan sido / hubieran sido) _____hubieran sido_____ menos inquietantes. El profesor del taller de pintura es muy exagerado.

4. Tenía miedo de que los estudiantes se (hayan olvidado / hubieran olvidado) _____hubieran olvidado_____ el guión de sus papeles.

5. No estoy seguro de que el profesor de literatura (haya presentado / hubiera presentado) _____haya presentado_____ todo lo que sus estudiantes escribieron.

6. Temo que el director (haya decidido / hubiera decidido) _____haya decidido_____ despedir al profesor del taller de pintura.

3 **Cuestión de gusto** Un profesor de la escuela de arte no está satisfecho con la escultura de un estudiante. El estudiante no está de acuerdo con la opinión del profesor. Escribe una conversación entre el profesor y el estudiante. Usa las frases de la lista y combínalas con el pluscuamperfecto del subjuntivo.

Answers will vary.

me sorprendió que	habría preferido que
nunca pensé que	mis compañeros y yo esperábamos que

modelo

Profesor: Quería hablar contigo porque me sorprendió que hubieras hecho una escultura tan poco creativa...

_____

_____

_____

4 **Una escritora famosa** Un amigo te contó que estuvo hablando con una escritora muy famosa. Escribe las oraciones de su historia usando el pluscuamperfecto del subjuntivo.

> **modelo**
>
> le molestó que / yo / no entrevistarla / antes
> *Le molestó que yo no la hubiera entrevistado antes.*

1. me sorprendió que / ella / venir tarde
   Me sorprendió que ella hubiera venido tarde.

2. me ofendió que / ella / empezar a / hacer las preguntas
   Me ofendió que ella hubiera empezado a hacer las preguntas.

3. le enojó que / yo / no contestar / a ninguna de sus preguntas
   Le enojó que yo no hubiera contestado a ninguna de sus preguntas.

4. lamenté que / la emisora de radio / pagar / tanto dinero por la entrevista
   Lamenté que la emisora de radio hubiera pagado tanto dinero por la entrevista.

5. le molestó que / yo / preguntarle / acerca de su nueva novela
   Le molestó que yo le hubiera preguntado acerca de su nueva novela.

6. me alegró que / la entrevista / acabar / por fin
   Me alegró que la entrevista hubiera acabado por fin.

5 **Primeras impresiones** ¿Te acuerdas de la primera vez que visitaste un museo de arte? ¿Cómo reaccionaste al ver las obras? Completa estas oraciones usando el pluscuamperfecto del subjuntivo para describir lo que estabas pensando en aquel momento. Usa al menos seis palabras de la lista.

Answers will vary.

acuarela	cuadro	murales
autorretrato	exposición	naturaleza muerta
contemporáneo	luminoso	surrealismo

> **modelo**
>
> Me gustó que *mi profesora de arte hubiera organizado una excursión al museo.*

1. Dudé que _____

2. Era improbable que _____

3. Me alegré de que _____

4. Me sorprendió que _____

5. Nunca había pensado que _____

6. Me gustó mucho que _____

 © by Vista Higher Learning, Inc. All rights reserved.

lectura

1

Antes de leer ¿Cuál es tu pintor(a) preferido/a? ¿Por qué? Answers will vary.

_____

_____

La realidad de Frida Kahlo, tan dramática como intensa

Se han escrito muchos libros sobre ella, se le han dedicado grandes producciones cinematográficas y la han representado megaestrellas como Salma Hayek. Esto se debe a que la vida de Frida Kahlo fue casi tan dramática como intensa.

Frida nació en 1907, tres años antes de que empezara la Revolución Mexicana, en la que murieron más personas que en ninguna otra revolución en la historia del mundo. Frida pasó su infancia entre un barrio residencial de la Ciudad de México, donde vivía con su familia, y las calles del centro de la capital, donde se encontraba el estudio fotográfico de su padre. A los 19 años de edad tuvo un terrible accidente de tranvía. El accidente le produjo graves heridas internas que le causaron dolores durante toda su vida y por culpa de las cuales no pudo tener hijos. En el mismo año comenzó a pintar mientras se recuperaba en la cama. Su amor por el arte y la pintura la llevaron a conocer en 1928 al gran muralista Diego Rivera, con quien se casó dos años después. Diego Rivera era 21 años mayor que Frida; ella tenía 22 años y él 43. A principios de la década de 1930, vivieron unos años entre San Francisco, Detroit y Nueva York, donde conocieron a personajes importantes como Nelson Rockefeller. En 1934 regresaron a México y se hicieron miembros del Partido Comunista, luchando por los derechos de los indígenas y campesinos de su país. En 1937 Frida ayudó a León Trotsky y a su esposa en su lucha revolucionaria. Y un año después Frida tuvo la primera exposición individual de sus pinturas en Nueva York. En México, su primera exposición fue en 1953. Los últimos días de su vida fueron muy trágicos. Diego y ella se divorciaron, y ella se enfermó tanto que tuvo que pasar nueve meses en un hospital. Murió en 1954, a los 47 años de edad.

2

Después de leer

A. Cierto o falso Indica si las afirmaciones son **ciertas** o **falsas**.

Cierto	Falso	
❏	☑	1. Frida Kahlo nació durante la Revolución Mexicana.
☑	❏	2. En 1926 Frida tuvo un terrible accidente.
❏	☑	3. Frida comenzó a pintar cuando conoció a Diego.
☑	❏	4. Diego y Frida se casaron en 1930.
☑	❏	5. Después de vivir en los Estados Unidos, regresaron a México en 1934.
❏	☑	6. Frida tuvo su primera exposición individual en México.

B. Preguntas Contesta las preguntas. Answers will vary.

1. ¿Cuál es el acontecimiento que más te impresiona de la vida de Frida Kahlo?

_____

2. ¿Por qué piensas que Frida Kahlo es tan famosa?

_____

3. ¿Te recuerda Frida Kahlo a otro/a pintor(a) o artista? ¿A quién? ¿Por qué?

_____

4. ¿Conoces los autorretratos o alguna otra obra de Frida Kahlo? ¿Te gustan? ¿Por qué?

_____

composición

Vas a prepararte para escribir una crítica de una obra de arte o de literatura. Answers will vary.

PREPARACIÓN

Piensa en algunas obras de arte que hayas visto o en algunas obras literarias (poemas, novelas, cuentos, etc.) que hayas leído en el libro de texto. Elige una obra de arte y una obra literaria, y completa la información del cuadro.

Obra de arte	Obra literaria
Título: _____	Título: _____
Artista: _____	Autor(a): _____
Lo que me gusta: _____ _____	Lo que me gusta: _____ _____

COMPOSICIÓN

Elige la obra de arte o la obra literaria y escribe una crítica que incluya esta información. Continúa tu composición en una hoja aparte.

- Descripción de la obra.
- Crítica de la obra dando ejemplos específicos. Incluye las expresiones que aprendiste en el episodio de la **Fotonovela** en esta lección. Considera los aspectos que más te gustaron y los que menos te interesaron.
- Al menos dos cláusulas condicionales (**si**) con tiempos compuestos.

_____

_____

_____

_____

_____

_____

_____

_____

_____

_____

_____

_____

_____

_____

© by Vista Higher Learning, Inc. All rights reserved.

Credits

Every effort has been made to trace the copyright holders of the works published herein. If proper copyright acknowledgment has not been made, please contact the publisher and we will correct the information in future printings.

Photography and Art Credits

All images © Vista Higher Learning unless otherwise noted.

Cuaderno de práctica: 9: Martín Bernetti; **61:** (l, mr) Martín Bernetti; (ml) Giovanni Benintende/Shutterstock; (mm) Clearviewstock/Fotolia; (r) LdF/iStockphoto; **93:** Daniel Ferreia-Leites/Fotolia.